문해력·독해력을 높이는

초등 맞춤법

50일 **완주**

따라쓰기

심화 편

권귀헌 지음

 서사원주니어

맞춤법, 왜 중요할까요?

맞춤법은 '말을 글로 표기하는 규칙'입니다. 글로 소통하기 위해 오래전부터 사회적으로 정해 지켜온 약속이죠. 초등학교 입학 전까지는 주로 말을 했다면 초등학교에 입학하면서부터는 글로 배우고 글로 표현하는 일이 많아집니다. 이때 맞춤법을 정확하게 익히지 않으면 글을 올바르게 이해하지도, 내 생각을 제대로 전달하지도 못합니다. 초등학교 저학년 때 맞춤법과 받아쓰기에서 부진했던 경험은 '글쓰기'에 관한 부정적인 감정을 형성해 향후 글로 소통하는 일에 좋지 않은 영향을 미칩니다.

아빠,
무좀 주세요!

맞춤법, 어떻게 공부해야 할까요?

맞춤법 공부는 말의 소리와 생김새가 다르다는 걸 이해하는 데에서 출발합니다. 우리말에는 [바다]처럼 소리와 생김새가 같은 말도 있지만 [국어](구거), [숟가락](수까락), [좋다](조타)처럼 소리와 생김새가 다른 말도 많습니다. 한편 [내]와 [네], [꽤]와 [꾀], [맞히다]와 [마치다]처럼 소리는 같으면서 뜻이 다른 말도 있습니다. 또 [어떡해](O), [어떻해](×)처럼 어른이 되어도 자주 틀리는 말도 있습니다. 이 모든 게 맞춤법에서 다루는 말들이지만 무조건 외우고 암기할 필요는 없습니다. 글씨 쓰는 연습하듯 단어를 쓰고, 문장 속에서 어떻게 활용되는지 필사하면서 익히는 게 좋습니다.

지난 일을 쓸 때는 받침에 쌍시옷을 쓰는구나

맞춤법, 왜 쓰면서 공부하는 게 좋나요?

맞춤법 공부에서는 먼저 규칙을 이해하고 암기한 다음 글로 쓸 때마다 적용하는 것보다, 우리가 일상에서 쓰는 단어나 책에서 읽은 문장 등을 자주 글로 써 보는 게 효과적입니다. 초등학생이 이해하기에는 맞춤법 규칙이 너무 어렵고 복잡하기 때문입니다. 따라서 [**젓가락 필요해?**](저까락 피료해?), [**학교 다녀 올게요!**](하꾜 다녀올께요!)처럼 평소에 사용하는 말을 먼저 글로 계속 써보는 게 좋습니다. 평소에 자주 사용하는 말부터 글로 정확하게 표기할 줄 알면 맞춤법 공부에 재미를 들이기 쉽습니다.

젓가락 줄까?

젓가락은 ㅅ 받침이지….

맞춤법으로 글쓰기를 잘하고 싶다면?

초등학생들이 글쓰기다운 글쓰기를 해본 적도 없이 글쓰기를 싫어하게 된다는 건 안타까운 일입니다. 글쓰기를 어렵게 생각할 필요 없습니다. 앞에서 말한 것처럼 일상적인 대화를 글로 옮겨보는 것도 글쓰기입니다. 맞춤법을 떠올리면서 하나씩 연습하다 보면 일상의 말을 글로 옮기는 일이 참 재미있다는 것을 알게 됩니다. 그렇게 시작하면 됩니다. 어떤 주제든지 내 생각과 감정을 문장에 담아 글로 표현하는 것이 글쓰기입니다. 이 책의 필사 부분을 열심히 따라 쓰다 보면 어느새 맞춤법, 받아쓰기, 올바른 글씨쓰기는 물론 글쓰기의 대가가 되어 있을 겁니다.

이 책의 특징과 활용법

이 책에 실린 표제어 1,000개는 초등학교 1~2학년 전 과목 교과서 30권에 실린 어휘 중에서 소리와 생김새가 다른 어휘 1,500여개를 추출한 뒤 난이도와 사용빈도를 고려해 선정했습니다.

필사 부분에 담긴 예문은 초등학생들이 작성한 일기, 기행문, 상상한 이야기 등을 참고하여 저자가 창작한 글입니다. 비유적인 문장을 따라 쓰면서 감수성과 문장력을 키울 수 있도록 일부 어려운 문장을 실었습니다.

매일 2쪽씩 학습합니다. 왼편에서는 단어를 따라 쓰고, 오른편에서는 문장 및 문단 단위의 필사를 통해 학습내용을 익힙니다. 지난 학습내용을 복습할 수 있도록 5일마다 간단한 글놀이를 편성했습니다.

일차별 학습 후 진도를 기록해 스스로 동기 부여를 할 수 있도록 진도표를 수록했습니다. 해당 일차의 맞춤법 내용을 담은 제목을 읽고 자신의 이름을 기록하면서 자부심을 가지게 될 겁니다.

차례

머리말

맞춤법, 왜 중요할까요? •2   맞춤법, 어떻게 공부해야 할까요? •3

맞춤법, 왜 쓰면서 공부하는 게 좋나요? •4   맞춤법으로 글쓰기를 잘하고 싶다면? •5

이 책의 특징과 활용법 •6
학습확인표 •12

4장

엄마 아빠도 헷갈리는 단어

오늘의 학습이 끝나면 확인 란에 자신의 이름을 적어 진도를 기록해보세요.
끈준히 적힌 진도 확인용 이름을 통해 자신에게 동기를 부여하고, 조금씩
늘어가는 맞춤법 실력에 자신감도 탄탄히 쌓일 거예요!

단원		학습 내용	확인
1장 생김새보다 소리가 부드러운 단어	01일 차	공룡, 색연필, 나뭇잎, 빗물, 대통령, 앞니, 얼룩말, 음료수, 국물, 거짓말	
	02일 차	꽃잎, 달님, 벚나무, 장래 희망, 식물, 회전목마, 줄넘기, 윷놀이, 설날, 관리사무소	
	03일 차	담요, 실눈, 물놀이, 입맛, 삼천리, 경례, 송곳니, 귓속말, 낱말, 꽃나무	
	04일 차	물약, 진료, 갓난아기, 실내, 이튿날, 훈련, 전라도, 정류장, 온라인, 경로당	
	05일 차	석류, 난로, 칼날, 못물, 콧노래, 속력, 솜이불, 삼루수, 노랫말, 끝말잇기	
	01~05일 차	복습해봅시다!	
	06일 차	덧니, 깻잎, 식용유, 작년, 강릉, 분리, 뒷면, 격려, 옛날, 대관령	
	07일 차	먹물, 정리, 바닷물, 신라, 뒷문, 등산로, 앞날, 협력, 국민, 명령	
	08일 차	박물관, 반려동물, 압력밥솥, 겁먹은, 겁내지, 한라산, 분류, 편리, 관람하다, 관리하다	
	09일 차	은행, 결혼, 신호등, 주황색, 위험, 인형, 일흔, 전화기, 균형, 이비인후과	
	10일 차	동화책, 단호박, 우편함, 분홍색, 정형외과, 괄호, 도화지, 안간힘, 당황, 만화책	
	06~10일 차	복습해봅시다!	
2장 생김새보다 소리가 거친 단어	11일 차	늦잠, 축구공, 손가락, 허벅지, 외갓집, 등불, 태권도, 장난감, 복도, 학급	
	12일 차	벌집, 밀가루, 숟가락, 가습기, 글자, 물감, 약국, 발바닥, 엊그제, 받침대	
	13일 차	밧줄, 책장, 발가락, 소낙비, 쓰레받기, 발등, 책갈피, 초대장, 덕분에, 실제로	
	14일 차	칫솔, 떡볶이, 윷가락, 낱개, 꼭짓점, 곶감, 옥수수, 복숭아, 채점, 습관	
	15일 차	학교, 신발장, 젓가락, 국기, 쇠붙이, 낙지, 돋보기, 돗자리, 벽지, 텃밭	
	11~15일 차	복습해봅시다!	
	16일 차	김밥, 눈금, 물고기, 급식, 깃발, 낚시, 색종이, 막대기, 질서, 맞장구	
	17일 차	껍질, 덧셈, 눈송이, 곱슬머리, 곡식, 악기, 젖소, 바둑돌, 특징, 야단법석	
	18일 차	치과, 맷돌, 마술사, 각각, 각자, 삼각형, 사각형, 육각형, 햇과일, 햇곡식	
	19일 차	악수, 숫자, 주먹밥, 뒷동산, 머릿속, 바닷속, 뒷자석, 단춧구멍, 횟수, 수돗가	
	20일 차	찻길, 콧대, 빗자루, 등굣길, 바닷가, 콧구멍, 공기돌, 빗방울, 아랫집, 나뭇가지	
	16~20일 차	복습해봅시다!	
3장 초등학생이 자주 틀리는 단어	21일 차	짝꿍, 두꺼비, 뒤꿈치, 첫째, 둘째, 도끼, 고구마, 개나리, 준비물, 찌꺼기	
	22일 차	새싹, 너구리, 도토리, 셋째, 잼, 하품, 주머니, 바구니, 끼리, 함께	
	23일 차	색깔, 다리미, 바가지, 날짜, 솜씨, 소라, 보자기, 미나리, 글쎄, 펄쩍	
	24일 차	달력, 쌍꺼풀, 어금니, 벌써, 가끔, 해님, 사냥, 구명조끼, 함부로, 일부러	
	25일 차	뚜껑, 꾀꼬리, 도깨비, 깜짝, 꼼짝, 치마, 으뜸, 부뚜막, 정성껏, 재빨리	
	21~25일 차	복습해봅시다!	

3장 **초등학생이 자주 틀리는 단어**	**26일 차**	노루, 골짜기, 고깔모자, 걔, 같이, 코끝, 보따리, 나무꾼, 일찍, 자꾸
	27일 차	꼴찌, 고라니, 도자기, 거꾸로, 한꺼번에, 보쌈, 아까, 잇다, 힘껏, 부쩍
	28일 차	눈썹, 팔꿈치, 숨바꼭질, 잠꼬대, 통째로, 손뼉, 팔짱, 썰매, 워낙, 여태껏
	29일 차	고깔, 사다리, 수수깡, 잠금장치, 지느러미, 쪽지, 날씨, 팔찌, 여쭈다, 불쌍하다
	30일 차	도마, 마침표, 소꿉놀이, 수수께끼, 지푸라기, 태극기, 뭐, 연극, 터뜨리다, 빠뜨리다
	26~30일 차	복습해봅시다!
4장 **엄마아빠도 헷갈리는 단어**	**31일 차**	도넛, 페트병, 넥타이, 센티미터, 킬로미터, 리모컨, 에어컨, 콘센트, 슈퍼맨, 슈퍼마켓
	32일 차	로켓, 로봇, 훌라후프, 파이팅, 프라이, 텐트, 팝콘, 텔레비전, 주스, 스티커
	33일 차	펭귄, 사인펜, 요구르트, 게임, 바통, 카메라, 프라이팬, 전자레인지, 스티로폼, 스케치북
	34일 차	페달, 테이프, 배드민턴, 스펀지, 블록, 커튼, 초콜릿, 크레파스, 엘리베이터, 에스컬레이터
	35일 차	배꼽, 설거지, 눈곱, 육개장, 닭개장, 며칠, 먹을거리, 양 떼, 깨끗이, 뚜렷이
	31~35일 차	복습해봅시다!
	36일 차	오랜만에, 설레는, 괘씸, 금세, 싫증, 희한하다, 가리키다, 드러나다, 곰곰이, 깊숙이
	37일 차	낯선, 걸, 앉았는데, 바라, 바람, 안 돼, 무릅쓰다, 아니에요, 할게요, 거예요
	38일 차	왠 vs 웬, 꾀 vs 꽤, 어떡해 vs 어떻게, 로서 vs 로써, 너머 vs 넘어, 안 vs 않, 던 vs 든, 이어서 vs 여서, 이었다 vs 였다, 이에요 vs 예요, 데다 vs 대다, 개다 vs 괴다
	39일 차	반듯이 vs 반드시, 이따가 vs 있다가, 주어도 vs 주워도, 여위었다 vs 여의었다, 쉬웠다 vs 쉬었다, 세다 vs 새다, 낫다 vs 낳다, 조리다 vs 졸이다, 벌이다 vs 벌리다, 늘이다 vs 늘리다, 찢다 vs 찧다, 쫓다 vs 좇다
	40일 차	썩다 vs 섞다, 잃어버리다 vs 잊어버리다, 메다 vs 매다, 적다 vs 작다, 바치다 vs 받치다, 닫히다 vs 다치다, 들리다 vs 들르다, 붙이다 vs 부치다, 맞히다 vs 맞추다, 아니오 vs 아니요, 떼다 vs 때다, 닫다 vs 닿다
	36~40일 차	복습해봅시다!
5장 **맞춤법을 완성하는 띄어쓰기**	**41일 차**	에서, 의, 은(는), 가, 와, 를(을), 까지, 든지, 에서처럼, 는(은)커녕, 에서부터, 에서만이라도, 밖에
	42일 차	개, 자루, 채, 대, 살, 마리, 장군, 작가, 안중근 의사, 손흥민 선수, 척
	43일 차	것, 것으로, 것입니다, 게
	44일 차	때문, 때문에, 때문이다, 때문이라고, 수, 수밖에
	45일 차	만큼, 뿐, 뿐이다
	41~45일 차	복습해봅시다!
	46일 차	만, 만에, 못, 못되다, 못생기다, 못쓰다, 못된, 못생긴, 못쓰겠네
	47일 차	듯, 듯하다, 듯한, 듯합니다, 지, 듯했다, 아무렇지 않은 듯
	48일 차	대로, 데, 갔는데, 데가, 하는 데
	49일 차	번, 번이나, 째, 몇째, 둘째, 번째, 첫 번째
	50일 차	중, 중에, 중에서, 중이니, 간, 년간, 간에
	46~50일 차	복습해봅시다!

1장

생김새보다 소리가 부드러운 단어

글자와 글자가 만나 소리를 낼 때
부드럽게 바뀌는 경우가 있습니다.
글자의 생김새와 소리가 다르니
틀리지 않도록 주의해야 합니다.

예　모양 색연필
　　소리 생년필

01 생김새보다 소리가 부드러운 단어

⭐ 단어를 소리 나는 대로 읽고 바르게 써 봅시다.

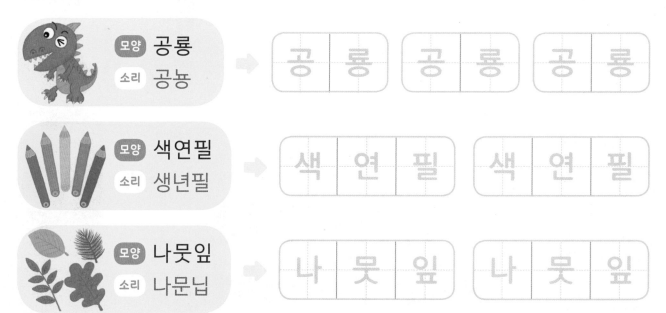

| 모양 | 공룡 | ➡ | 공 | 룡 | | 공 | 룡 | | 공 | 룡 |
| 소리 | 공뇽 | | | | | | | | | |

| 모양 | 색연필 | ➡ | 색 | 연 | 필 | 색 | 연 | 필 |
| 소리 | 생년필 | | | | | | | |

| 모양 | 나뭇잎 | ➡ | 나 | 뭇 | 잎 | 나 | 뭇 | 잎 |
| 소리 | 나문닙 | | | | | | | |

⭐ 틀리게 쓴 단어를 찾아 동그라미로 표시하고 바르게 고쳐 써 봅시다.

빈물 | 빗물 이 고여 웅덩이가 되었습니다.

아빠의 어릴 적 꿈은 대통령 | 대통녕 이었습니다.

| 빗 | 물 | 빗 | 물 | 대 | 통 | 령 | 대 | 통 | 령 |

⭐ 그림에 맞게 쓴 단어를 찾아 연결하고 따라 써 봅시다.

- 앞니
- 암니

- 얼룩말
- 얼룽말

- 음뇨수
- 음료수

| 앞 | 니 | | 얼 | 룩 | 말 | | 음 | 료 | 수 |

⭐ 문장을 소리 내어 읽고 주어진 단어를 따라 써 봅시다.

국물 ➡ 저는 따뜻한 국물[궁물]을 좋아합니다.
거짓말 ➡ 거짓말[거진말]은 하면 할수록 점점 커집니다.

| 국 | 물 | 거 | 짓 | 말 | 국 | 물 | 거 | 짓 | 말 |

✏️ 아래 문장을 따라 써 보고, 오늘 배운 단어를 사용해 글짓기 연습을 해봅시다.

	색	연	필	로		공	룡	을	
그	렸	어	요	.	바	위	와		나
무	,	그	리	고		공	룡	의	
똥	을		덮	고		있	는		나
뭇	잎	도		그	렸	습	니	다	.

02 생김새보다 소리가 부드러운 단어

⭐ 단어를 소리 나는 대로 읽고 바르게 써 봅시다.

 모양 **꽃잎** 소리 **꼰닙** ➡

| 꽃 | 잎 | 꽃 | 잎 | 꽃 | 잎 |

 모양 **달님** 소리 **달림** ➡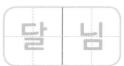

| 달 | 님 | 달 | 님 | 달 | 님 |

 모양 **벚나무** 소리 **번나무** ➡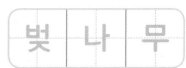

| 벚 | 나 | 무 | 벚 | 나 | 무 |

⭐ 틀리게 쓴 단어를 찾아 동그라미로 표시하고 바르게 고쳐 써 봅시다.

저의 장래 희망 | 장내 희망 은 작가입니다.

강아지는 동물이고 나무는 싱물 | 식물 이다.

| 장 | 래 | | 희 | 망 | | 식 | 물 | | 식 | 물 |

⭐ 그림에 맞게 쓴 단어를 찾아 연결하고 따라 써 봅시다.

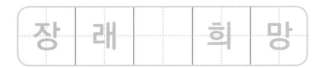
• 회전목마
• 회전몽마

• 줄넘기
• 줄럼끼

• 윤놀이
• 윷놀이

| 회 | 전 | 목 | 마 | | 줄 | 넘 | 기 | | 윷 | 놀 | 이 |

★ 문장을 소리 내어 읽고 주어진 단어를 따라 써 봅시다.

| 설날 | ➡ | 설날[설랄]에는 떡국을 먹습니다. |
| 관리사무소 | ➡ | 불편한 점이 있으면 관리사무소[괄리사무소]로 전화하세요. |

설	날

관	리	사	무	소

설	날

 아래 문장을 따라 써 보고, 오늘 배운 단어를 사용해 글짓기 연습을 해봅시다.

	달	님	의		입	김		때	문
일	까	?		벚	나	무		꽃	잎	이
흔	들	린	다	.		창	문		밖	으
로		들	리	는			웃	놀	이
소	리	가		흥	겹	다	.		

⭐ 단어를 소리 나는 대로 읽고 바르게 써 봅시다.

| 모양 | 담요 |
| 소리 | 담뇨 |

➡ 담 요 담 요 담 요

| 모양 | 실눈 |
| 소리 | 실룬 |

➡ 실 눈 실 눈 실 눈

| 모양 | 물놀이 |
| 소리 | 물로리 |

➡ 물 놀 이 물 놀 이

⭐ 틀리게 쓴 단어를 찾아 동그라미로 표시하고 바르게 고쳐 써 봅시다.

날씨가 너무 더워서 임맛 | 입맛 이 없습니다.

우리나라를 삼천리 | 삼철리 강산이라고도 부릅니다.

입 맛 입 맛 삼 천 리 삼 천 리

⭐ 그림에 맞게 쓴 단어를 찾아 연결하고 따라 써 봅시다.

• 경례
• 경녜

• 송곳니
• 송곤니

• 귀쏭말
• 귓속말

경 례 송 곳 니 귓 속 말

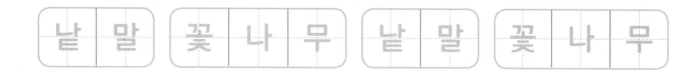
⭐ 문장을 소리 내어 읽고 주어진 단어를 따라 써 봅시다.

낱말 ➡ 어려운 낱말[난말]이 많으면 읽기 힘들어요.
꽃나무 ➡ 식목일에는 학교에서 꽃나무[꼰나무]를 심습니다.

| 낱 | 말 | | 꽃 | 나 | 무 | | 낱 | 말 | | 꽃 | 나 | 무 |

✏️ 아래 문장을 따라 써 보고, 오늘 배운 단어를 사용해 글짓기 연습을 해봅시다.

	담	요		밖	으	로		얼	굴
만		내	민		채		실	눈	을
떴	다	.		순	간	,		엄	마		아
빠	의		귓	속	말	이		들	렸
다	.		치	킨		시	킬	까	?

⭐ 단어를 소리 나는 대로 읽고 바르게 써 봅시다.

모양 물약
소리 물략

➡

물 약 물 약 물 약

모양 진료
소리 질료

➡

진 료 진 료 진 료

모양 갓난아기
소리 간나나기

➡

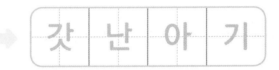

갓 난 아 기

⭐ 틀리게 쓴 단어를 찾아 동그라미로 표시하고 바르게 고쳐 써 봅시다.

미세먼지가 심해 실래 | 실내 에만 있어요.

어떤 일이 있은 그 다음 날을 '이튼날' | '이틀날' 이라고 합니다.

실 내 실 내 이 틀 날 이 틀 날

⭐ 그림에 맞게 쓴 단어를 찾아 연결하고 따라 써 봅시다.

 ● 훈련
● 훌련

 ● 전라도
● 절라도

 ● 정뉴장
● 정류장

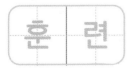

훈 련

전 라 도

정 류 장

⭐ 문장을 소리 내어 읽고 주어진 단어를 따라 써 봅시다.

온라인 ➡ 오전에는 온라인[온라인] 수업을 해야 해요.
경로당 ➡ 할머니께서는 경로당[경노당]에 가셨습니다.

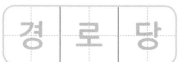

✏️ 아래 문장을 따라 써 보고, 오늘 배운 단어를 사용해 글짓기 연습을 해봅시다.

	병	원	에	서		진	료	를
받	았	다	.		물	약	을		먹	는
갓	난	아	기	부	터		알	약	을
드	시	는		할	아	버	지	까	지
환	자	가		많	았	다	.		

05 # 생김새보다 소리가 부드러운 단어

⭐ 단어를 소리 나는 대로 읽고 바르게 써 봅시다.

 모양 석류 / 소리 성뉴 ➡  석 류  석 류 석 류

 모양 난로 / 소리 날로 ➡ 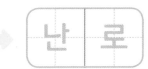 난 로  난 로 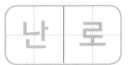 난 로

 모양 칼날 / 소리 칼랄 ➡  칼 날 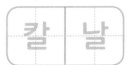 칼 날  칼 날

⭐ 틀리게 쓴 단어를 찾아 동그라미로 표시하고 바르게 고쳐 써 봅시다.

엄마 오리는 몬물 | 못물 속으로 풍덩 뛰어들었어요.

좋아하는 반찬이 나와서 콧노래 | 콘노래 를 부르며 밥을 먹었다.

 못 물 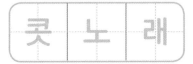 못 물 콧 노 래 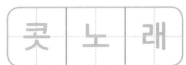 콧 노 래

⭐ 그림에 맞게 쓴 단어를 찾아 연결하고 따라 써 봅시다.

• 속력
• 송력

• 솜이불
• 솜니불

• 삼누수
• 삼루수

 속 력

솜 이 불

 삼 루 수

★ 문장을 소리 내어 읽고 주어진 단어를 따라 써 봅시다.

| 노랫말 | ➡ | 무대에 오르니 노랫말[노랜말]이 기억나지 않았어요. |
| 끝말잇기 | ➡ | 영훈이는 끝말잇기[끈말릳끼]를 정말 잘합니다. |

| 노 | 랫 | 말 |

| 끝 | 말 | 잇 | 기 |

| 노 | 랫 | 말 |

✏️ 아래 문장을 따라 써 보고, 오늘 배운 단어를 사용해 글짓기 연습을 해봅시다.

난	로	를		틀	어	도		추
웠	다	.	나	는		엄	청	난
속	력	으	로		솜	이	불	을
펼	쳤	다	.	창	문		밖	바
람	은		칼	날		같	았	다	.

25

복습해봅시다!

⭐ 아래에서 맞는 단어를 찾아 모두 동그라미 치세요.

공뇽	색연필	나문잎	빈물
대통령	암니	얼룽말	음료수
국물	거진말	꽃잎	번나무

⭐ 아래의 소리를 올바른 표기로 고쳐 쓰세요.

싱물 ➡

설랄 ➡

윤노리 ➡

회전몽마 ➡

⭐ 아래 문장을 읽고 [보기]와 같이 틀린 곳에 밑줄을 긋고 바르게 고쳐 쓰세요.

> **보기**   날씨가 너무 더워서 <u>임맛</u>이 없습니다. (입맛)

집에서 담뇨를 몇 장 가지고 왔다.

사자는 송곤니가 엄청 뾰족해요.

귀쏨말로 조용히 얘기합니다.

어려운 난말이 많으면 읽기 힘들어요.

⭐ 보기에서 알맞은 단어를 찾아 빈칸에 쓰세요.

> **보기**
>
> 이튿날   이튼날   경로당   경노당
>
> 콧노래   코노래   칼날   칼랄

할머니께서는 [   ] 에 가셨습니다.

날카로운 [   ] 에 베이지 않도록 조심하세요.

어떤 일이 있은 그 다음 날을 [   ] 이라고 합니다.

좋아하는 반찬이 나와서 [   ] 를 부르며 밥을 먹었다.

⭐ 단어를 소리 나는 대로 읽고 바르게 써 봅시다.

| 모양 | 덧니 |
| 소리 | 던니 |

➡️ 덧 니 　 덧 니 　 덧 니

| 모양 | 깻잎 |
| 소리 | 깬닙 |

➡️ 깻 잎 　 깻 잎 　 깻 잎

| 모양 | 식용유 |
| 소리 | 시굥뉴 |

➡️ 식 용 유 　 식 용 유

⭐ 틀리게 쓴 단어를 찾아 동그라미로 표시하고 바르게 고쳐 써 봅시다.

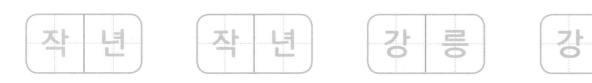

장년 | 작년 에 받은 생일선물이 뭐였더라?

올해는 강원도 강능 | 강릉 으로 휴가를 갈 겁니다.

작 년 　 작 년 　 강 릉 　 강 릉

⭐ 그림에 맞게 쓴 단어를 찾아 연결하고 따라 써 봅시다.

- 분리
- 불리

- 뒷면
- 뒨면

- 경녀
- 격려

분 리 　 　 뒷 면 　 　 격 려

⭐ 문장을 소리 내어 읽고 주어진 단어를 따라 써 봅시다.

> 옛날 ➡ 아주 먼 옛날[옌날]에는 호랑이가 담배를 피웠대요.
>
> 대관령 ➡ 대관령[대괄령]은 강원도에 있는 높은 고개 중 하나입니다.

옛	날

대	관	령

옛	날

대	관	령

✏️ 아래 문장을 따라 써 보고, 오늘 배운 단어를 사용해 글짓기 연습을 해봅시다.

	받	아	쓰	기		시	험	을	
봤	는	데		식	용	유	를		시
공	뉴	로	,		깻	잎	을		깻	닙
으	로	,		분	리	를		불	리	로
잘	못		썼	다	.		망	했	다	.

⭐ 단어를 소리 나는 대로 읽고 바르게 써 봅시다.

 모양 먹물 / 소리 멍물 ➡

 모양 정리 / 소리 정니 ➡

 모양 바닷물 / 소리 바단물 ➡

⭐ 틀리게 쓴 단어를 찾아 동그라미로 표시하고 바르게 고쳐 써 봅시다.

김유신은 실라 | 신라 의 장군입니다.

지각한 민주는 교실 뒷문 | 뒨문 으로 들어갔습니다.

⭐ 그림에 맞게 쓴 단어를 찾아 연결하고 따라 써 봅시다.

 ● 등산로 / ● 등산노

 ● 앞날 / ● 암날

 ● 혐녁 / ● 협력

⭐ 문장을 소리 내어 읽고 주어진 단어를 따라 써 봅시다.

| 국민 | ➡ | 저는 대한민국의 국민[궁민]입니다. |
| 명령 | ➡ | 호진아, 친구에게 명령[명녕]하면 안 돼. |

| 국 | 민 | | 명 | 령 | | 국 | 민 | | 명 | 령 |

✏️ 아래 문장을 따라 써 보고, 오늘 배운 단어를 사용해 글짓기 연습을 해봅시다.

		바	닷	물	이		먹	물	처	럼
탁	해	지	면		어	떻	게		될	
까	?	둥	둥		떠	다	니	는		
쓰	레	기	를		보	니		바	다	
의		앞	날	이		걱	정	된	다	.

⭐ 단어를 소리 나는 대로 읽고 바르게 써 봅시다.

모양 박물관
소리 방물관

➡

박	물	관

박	물	관

모양 반려동물
소리 발려동물

➡

반	려	동	물

모양 압력밥솥
소리 암녁밥쏟

➡

압	력	밥	솥

⭐ 틀리게 쓴 단어를 찾아 동그라미로 표시하고 바르게 고쳐 써 봅시다.

민수는 겁먹은 | 검먹은 게 분명했다.

삼촌은 사나운 개를 보고도 검내지 | 겁내지 않았어요!

겁	먹	은

겁	내	지

겁	내	지

⭐ 그림에 맞게 쓴 단어를 찾아 연결하고 따라 써 봅시다.

● 한라산
● 할라산

● 분류
● 불류

● 펼리
● 편리

한	라	산

분	류

편	리

⭐ 문장을 소리 내어 읽고 주어진 단어를 따라 써 봅시다.

| **관람하다** | ➡ | 이번 주말에는 공연을 관람했어요[괄람해써요]. |
| **관리하다** | ➡ | 추운 날씨에는 건강을 잘 관리해야[괄리해야] 합니다. |

| 관 | 람 | 했 | 어 | 요 |

| 관 | 리 | 해 | 야 |

✏️ 아래 문장을 따라 써 보고, 오늘 배운 단어를 사용해 글짓기 연습을 해봅시다.

	박	물	관	에	는		반	려	동
물	을		데	리	고		갈		수
없	는	데		동	물	들	도		우
리	의		문	화	나		역	사	를
궁	금	해	하	지		않	을	까	?

33

09 생김새보다 소리가 부드러운 단어

⭐ 단어를 소리 나는 대로 읽고 바르게 써 봅시다.

 모양 은행 / 소리 으냉 ➡ 은 행 | 은 행 | 은 행

 모양 결혼 / 소리 겨론 ➡ 결 혼 | 결 혼 | 결 혼

 모양 신호등 / 소리 시노등 ➡ 신 호 등 | 신 호 등

⭐ 틀리게 쓴 단어를 찾아 동그라미로 표시하고 바르게 고쳐 써 봅시다.

저는 주왕색 | 주황색 을 좋아합니다.

강가에는 "위험" | "위엄" 경고판이 세워져 있었다.

주 황 색 | 주 황 색 | 위 험 | 위 험

⭐ 그림에 맞게 쓴 단어를 찾아 연결하고 따라 써 봅시다.

 • 인형
• 이녕

 • 일흔
• 이른

 • 저놔기
• 전화기

인 형   일 흔   전 화 기

9~10일 차에 나오는 단어는 "ㅎ" 소리를 발음하는 게
규칙이지만, 보통 "ㅎ"이 없는 것처럼 발음합니다. 그러
니 낱말 속에 "ㅎ"이 없다고 착각하면 안 됩니다!

⭐ 문장을 소리 내어 읽고 주어진 단어를 따라 써 봅시다.

| 균형 | ➡ | 떨어지지 않으려면 균형[균형]을 잘 잡으세요. |
| 이비인후과 | ➡ | 귀가 아플 때는 이비인후과[이비인후꽈]에 가야 합니다. |

균	형

이	비	인	후	과

균	형

✏️ 아래 문장을 따라 써 보고, 오늘 배운 단어를 사용해 글짓기 연습을 해봅시다.

은	행	에		다	니	는		이
모	가		결	혼	을		한	다	.
인	형	처	럼		예	쁘	게		화
장	을		한	다	고		전	화	기
너	머	에	서		말	했	다	.

⭐ 단어를 소리 나는 대로 읽고 바르게 써 봅시다.

 모양 동화책
소리 동와책

➡

 모양 단호박
소리 다노박

➡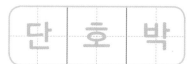

 모양 우편함
소리 우펴남

➡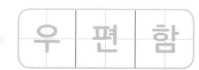

⭐ 틀리게 쓴 단어를 찾아 동그라미로 표시하고 바르게 고쳐 써 봅시다.

부농색 | 분홍색 치마를 입은 사람이 저희 엄마예요.

발목을 삔 주성이는 정영외과 | 정형외과 에 갔습니다.

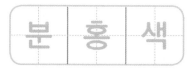 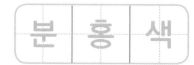 

⭐ 그림에 맞게 쓴 단어를 찾아 연결하고 따라 써 봅시다.

• 괄호
• 과로

• 도화지
• 도와지

• 안까님
• 안간힘

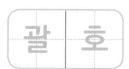 

9~10일 차에 나오는 단어는 "ㅎ" 소리를 발음하는 게 규칙이지만, 보통 "ㅎ"이 없는 것처럼 발음합니다. 그러니 낱말 속에 "ㅎ"이 없다고 착각하면 안 됩니다!

★ 문장을 소리 내어 읽고 주어진 단어를 따라 써 봅시다.

| 당황 | ➡ | 제 동생은 당황[당황]하면 얼굴이 빨개져요. |
| 만화책 | ➡ | 좋아하는 만화책[만화책]을 선물로 받았습니다. |

| 당 | 황 | 만 | 화 | 책 | 당 | 황 | 만 | 화 | 책 |

✏️ 아래 문장을 따라 써 보고, 오늘 배운 단어를 사용해 글짓기 연습을 해봅시다.

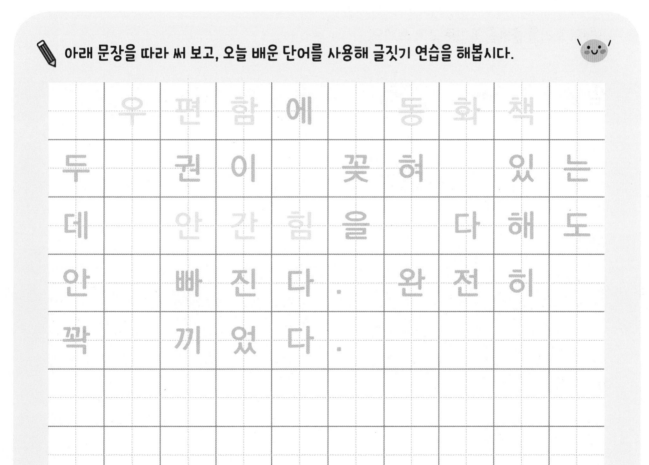

	우	편	함	에		동	화	책	
두		권	이		꽂	혀		있	는
데		안	간	힘	을		다	해	도
안		빠	진	다	.		완	전	히
꽉		끼	었	다	.				

복습해봅시다!

⭐ 아래에서 맞는 단어를 찾아 모두 동그라미 치세요.

덧니	깻잎	식용유	작년
강능	분리	뒨면	경녀
옜날	대관령	먹물	정니

⭐ 아래의 소리를 올바른 표기로 고쳐 쓰세요.

암날 ➡

궁민 ➡

바단물 ➡

등산노 ➡

⭐ 아래 문장을 읽고 [보기]와 같이 틀린 곳에 밑줄을 긋고 바르게 고쳐 쓰세요.

> 보기   민수는 <u>검먹은</u> 게 분명했다. (겁먹은)

색깔에 따라서 불류하면 됩니다.

집 앞에 마트가 있어서 참 펼리하다.

지난주에는 현장학습으로 방물관에 갔다.

더운 날씨에는 건강을 잘 괄리해야 합니다.

⭐ 보기에서 알맞은 단어를 찾아 빈칸에 쓰세요.

보기	위험	위엄	신호등	신오등
	우편함	우편암	정형외과	정영외과

빨간색은 보통 [   ] 을 뜻합니다.

[   ] 에 편지가 여러 통 꽂혀 있다.

손목을 다친 영준이는 [   ] 로 갔다.

길을 건널 때는 [   ] 뿐 아니라 차가 오는지도 봐라.

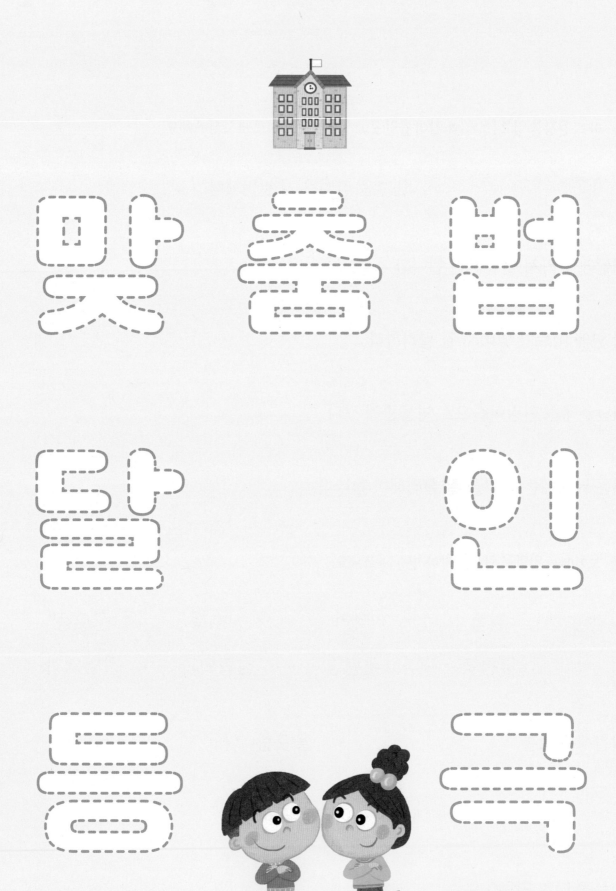

2장

생김새보다 소리가 거친 단어

글자와 글자가 만나 소리를 낼 때
거칠게 바뀌는 경우가 있습니다.
생김새와 소리가 다르니
틀리지 않도록 주의해야 합니다.

예   모양 손가락
      소리 손까락

⭐ 단어를 소리 나는 대로 읽고 바르게 써 봅시다.

| 모양 | 늦잠 |
| 소리 | 느짬 |
➡ 늦잠 늦잠 늦잠

 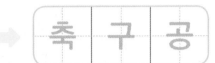
| 모양 | 축구공 |
| 소리 | 추꾸공 |
➡ 축구공 축구공

| 모양 | 손가락 |
| 소리 | 손까락 |
➡ 손가락 손가락

⭐ 틀리게 쓴 단어를 찾아 동그라미로 표시하고 바르게 고쳐 써 봅시다.

축구선수는   허벅지 | 허벅찌   가 튼튼합니다.

작년 외할머니 생신 때   외가집 | 외갓집   을 갔어요.

허벅지   허벅지   외갓집

⭐ 그림에 맞게 쓴 단어를 찾아 연결하고 따라 써 봅시다.

• 등불
• 등뿔

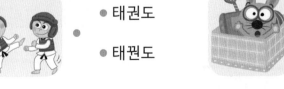
• 태권도
• 태꿘도

• 장난깜
• 장난감

등불   태권도   장난감

⭐ 문장을 소리 내어 읽고 주어진 단어를 따라 써 봅시다.

복도 ➡ 복도[복또]에서 뛰면 다칠 수 있어요.

학급 ➡ 2학년에는 모두 다섯 학급[학끕]이 있습니다.

복	도

학	급

복	도

학	급

✏️ 아래 문장을 따라 써 보고, 오늘 배운 단어를 사용해 글짓기 연습을 해봅시다.

축	구	공	을		막	다	가
손	가	락	을		다	쳤	다	.	태
권	도		배	울		때		다	친
그		손	가	락	이	었	다	.	너
무		아	파		울	었	다	.

43

생김새보다 소리가 거친 단어

⭐ 단어를 소리 나는 대로 읽고 바르게 써 봅시다.

모양 벌집
소리 벌찜

➡ 벌 집　벌 집　벌 집

모양 밀가루
소리 밀까루

➡ 밀 가 루　밀 가 루

모양 숟가락
소리 수까락

➡ 숟 가 락　숟 가 락

⭐ 틀리게 쓴 단어를 찾아 동그라미로 표시하고 바르게 고쳐 써 봅시다.

잠 잘 때 　가습기 | 가습끼 　를 틉니다.

저는 일곱 살 때 　글자 | 글짜 　를 배웠습니다.

가 습 기　가 습 기　글 자　글 자

⭐ 그림에 맞게 쓴 단어를 찾아 연결하고 따라 써 봅시다.

● 물감
● 물깜

● 약국
● 약꾹

● 발바닥
● 발빠닥

물 감　　약 국　　발 바 닥

★ 문장을 소리 내어 읽고 주어진 단어를 따라 써 봅시다.

엊그제 ➡ 제 생일이 엊그제 [얻끄제]였거든요.
받침대 ➡ 여기에 받침대 [받침때] 좀 놓아줄래?

| 엊 | 그 | 제 |

| 받 | 침 | 대 |

| 엊 | 그 | 제 |

🖊 아래 문장을 따라 써 보고, 오늘 배운 단어를 사용해 글짓기 연습을 해봅시다.

	물	에		밀	가	루	를		한
손	가	락		풀	었	다	.		그
색	은		물	감		같	기	도	
하	고		약	국	에	서		파	는
물	약		같	기	도		했	다	.

13 생김새보다 소리가 거친 단어

⭐ 단어를 소리 나는 대로 읽고 바르게 써 봅시다.

 모양 밧줄 / 소리 바쭐

| 밧 | 줄 | 밧 | 줄 | 밧 | 줄 |

 모양 책장 / 소리 책짱

| 책 | 장 | 책 | 장 | 책 | 장 |

 모양 발가락 / 소리 발까락

| 발 | 가 | 락 | 발 | 가 | 락 |

⭐ 틀리게 쓴 단어를 찾아 동그라미로 표시하고 바르게 고쳐 써 봅시다.

집에 오는데 갑자기 소낙비 | 소낙삐 가 쏟아졌다.

새 학기가 되면 빗자루와 쓰레바끼 | 쓰레받기 를 준비해야 합니다.

| 소 | 낙 | 비 | 소 | 낙 | 비 | 쓰 | 레 | 받 | 기 |

⭐ 그림에 맞게 쓴 단어를 찾아 연결하고 따라 써 봅시다.

- 발등
- 발뜽

- 책갈피
- 채깔피

- 초대짱
- 초대장

| 발 | 등 |

| 책 | 갈 | 피 |

| 초 | 대 | 장 |

⭐ 문장을 소리 내어 읽고 주어진 단어를 따라 써 봅시다.

| 덕분에 | ➡ | 고마워, 덕분에[덕뿌네] 안 넘어졌어. |
| 실제로 | ➡ | 아프리카에 실제로[실쩨로] 가 본 적 있어? |

| 덕 | 분 | 에 |

| 실 | 제 | 로 |

| 덕 | 분 | 에 |

✏️ 아래 문장을 따라 써 보고, 오늘 배운 단어를 사용해 글짓기 연습을 해봅시다.

	책	장	에	서		책		하	나
를		꺼	냈	다	.	책	갈	피	가
있	는		쪽	을		펼	치	니	
새	빨	간		초	대	장	이		발
등	에		떨	어	졌	다	.		

14 생김새보다 소리가 거친 단어

⭐ 단어를 소리 나는 대로 읽고 바르게 써 봅시다.

 모양 칫솔
소리 치쏠

| 칫 | 솔 | 칫 | 솔 | 칫 | 솔 |

 모양 떡볶이
소리 떡뽀끼

| 떡 | 볶 | 이 | 떡 | 볶 | 이 |

 모양 윷가락
소리 유까락

| 윷 | 가 | 락 | 윷 | 가 | 락 |

⭐ 틀리게 쓴 단어를 찾아 동그라미로 표시하고 바르게 고쳐 써 봅시다.

참외는 낱개 | 나깨 에 500원이에요.

삼각형에는 꼭찌쩜 | 꼭짓점 이 세 개 있습니다.

| 낱 | 개 | 낱 | 개 | 꼭 | 짓 | 점 | 꼭 | 짓 | 점 |

⭐ 그림에 맞게 쓴 단어를 찾아 연결하고 따라 써 봅시다.

- 곶감
- 곳깜

- 옥수수
- 옥쑤수

- 복쑝아
- 복숭아

| 곶 | 감 | 옥 | 수 | 수 | 복 | 숭 | 아 |

⭐ 문장을 소리 내어 읽고 주어진 단어를 따라 써 봅시다.

채점 ➡	시험을 보고 바로 채점을[채쩌믈] 했습니다.
습관 ➡	저는 일찍 일어나는 게 습관이[습꽈니] 되었어요.

채	점	을

습	관	이

채	점	을

✏️ 아래 문장을 따라 써 보고, 오늘 배운 단어를 사용해 글짓기 연습을 해봅시다.

	나	는		떡	볶	이	와		복
숭	아	가		좋	은	데		아	버
지	는		곶	감	과		옥	수	수
가		좋	대	요	.		가	족	인	데
도		좀		다	르	지	요	.	

15 생김새보다 소리가 거친 단어

⭐ 단어를 소리 나는 대로 읽고 바르게 써 봅시다.

 모양 학교
소리 하꾜

| 학 | 교 | 학 | 교 | 학 | 교 |

 모양 신발장
소리 신발짱

| 신 | 발 | 장 | 신 | 발 | 장 |

 모양 젓가락
소리 저까락

| 젓 | 가 | 락 | 젓 | 가 | 락 |

⭐ 틀리게 쓴 단어를 찾아 동그라미로 표시하고 바르게 고쳐 써 봅시다.

구끼 | 국기   에 대한 경례!

아저씨는   쇠붙이 | 쇠부치   를 녹였습니다.

| 국 | 기 | 국 | 기 | 쇠 | 붙 | 이 | 쇠 | 붙 | 이 |

⭐ 그림에 맞게 쓴 단어를 찾아 연결하고 따라 써 봅시다.

● 낙지
● 낙찌

● 돋보기
● 도뽀기

● 도짜리
● 돗자리

| 낙 | 지 |

| 돋 | 보 | 기 |

| 돗 | 자 | 리 |

⭐ 문장을 소리 내어 읽고 주어진 단어를 따라 써 봅시다.

벽지 ➡ 제 방 벽지[벽찌]가 참 마음에 들어요!

텃밭 ➡ 할아버지는 텃밭을[턷빠쓸] 가꾸십니다.

벽	지

텃	밭	을

벽	지

텃	밭	을

✏️ 아래 문장을 따라 써 보고, 오늘 배운 단어를 사용해 글짓기 연습을 해봅시다.

	돗	자	리	와		돋	보	기	를
챙	겨		엄	마	랑		학	교	
옆		풀	숲	으	로		소	풍	을
갔	다	.	지	렁	이	가		낙	지
처	럼		꼬	물	꼬	물		기	어
다	녔	다	.						

복습해봅시다!

⭐ 그림을 올바르게 표현한 단어를 찾아 연결하세요.

- 늦잠
- 는잠

- 숟가락
- 수까락

- 태권도
- 택권도

- 장난감
- 장난깜

⭐ 아래 문장을 읽고 [보기]와 같이 틀린 곳에 밑줄을 긋고 바르게 고쳐 쓰세요.

| 보기 | 저는 일곱 살 때 <u>글짜</u>를 배웠습니다. (글자) |

내일 준비물은 물깜이다.

여기에 바침대 좀 놓아줄래?

벌찝을 함부로 건들지 마세요.

할머니께서 억그제 저희 집에 오셨어요.

⭐ 아래에서 맞는 단어를 찾아 모두 동그라미 치세요.

바쭐	책장	발까락	소낙비
쓰레바기	발등	책갈피	초댓장
덕분	실제	가습끼	밀까루

⭐ 아래에서 맞는 단어를 찾아 색칠하세요. 무슨 글자가 보이나요?

칫솔	습간	체점	돋자리	꼭짓점
떡볶이	하꾜	구끼	쇠부치	곶감
윳가락	신발짱	젓가락	허벅지	옥수수
벽지	턷밭	발빠닥	돗보기	낱개
복도	학급	외갓집	낚지	복숭아

⭐ 단어를 소리 나는 대로 읽고 바르게 써 봅시다.

 모양 김밥
소리 김빱
→ 김 밥 김 밥 김 밥

 모양 눈금
소리 눈끔
→ 눈 금 눈 금 눈 금

 모양 물고기
소리 물꼬기
→ 물 고 기 물 고 기

⭐ 틀리게 쓴 단어를 찾아 동그라미로 표시하고 바르게 고쳐 써 봅시다.

급씩 | 급식 을 남기지 마세요.

기빨 | 깃발 이 바람에 펄럭입니다.

급 식   급 식   깃 발   깃 발

⭐ 그림에 맞게 쓴 단어를 찾아 연결하고 따라 써 봅시다.

• 낚시
• 낙씨

• 색종이
• 색쫑이

• 막때기
• 막대기

낚 시   색 종 이   막 대 기

★ 문장을 소리 내어 읽고 주어진 단어를 따라 써 봅시다.

질서 ➡ 이곳은 질서가[질써가] 엉망이네!

맞장구 ➡ 엄마가 내 말에 맞장구를[맏짱구를] 쳐 주셨어요.

| 질 | 서 | 가 |

| 맞 | 장 | 구 | 를 |

| 질 | 서 | 가 |

✏️ 아래 문장을 따라 써 보고, 오늘 배운 단어를 사용해 글짓기 연습을 해봅시다.

아	버	지	는		낚	시	광	이
시	다	.		막	대	기	로		물	고
기	를		잡	는		게		뭐	가
재	미	있	을	까	?		김	밥	도
안		드	시	고		낚	시	만
하	신	다	.

17 생김새보다 소리가 거친 단어

⭐ 단어를 소리 나는 대로 읽고 바르게 써 봅시다.

 모양 껍질
소리 껍찔

➡ 껍 질 | 껍 질 | 껍 질

 모양 덧셈
소리 더쎔

➡ 덧 셈 | 덧 셈 | 덧 셈

 모양 눈송이
소리 눈쏭이

➡ 눈 송 이 | 눈 송 이

⭐ 틀리게 쓴 단어를 찾아 동그라미로 표시하고 바르게 고쳐 써 봅시다.

제 동생은 곱슬머리 | 곱쏠머리 입니다.

흥부는 곡식 | 곡씩 을 얻으러 집을 나섰어요.

곱 슬 머 리   곡 식   곡 식

⭐ 그림에 맞게 쓴 단어를 찾아 연결하고 따라 써 봅시다.

• 악기
• 아끼

• 젖소
• 저쏘

• 바둑똘
• 바둑돌

악 기   젖 소   바 둑 돌

56

⭐ 문장을 소리 내어 읽고 주어진 단어를 따라 써 봅시다.

| 특징 | ➡ | 재석이는 키가 큰 게 특징[특찡]입니다. |
| 야단법석 | ➡ | 우리 모두 기분이 좋아서 야단법석[야단법썩]을 떨었다. |

| 특 | 징 | | 야 | 단 | 법 | 석 | | 야 | 단 | 법 | 석 |

✏️ 아래 문장을 따라 써 보고, 오늘 배운 단어를 사용해 글짓기 연습을 해봅시다.

덧	셈	과		뺄	셈	을		공
부	할		때		바	둑	돌	을
보	면		젖	소	의		얼	룩	무
늬	,		밤	하	늘	의		눈	송	이
가		떠	올	랐	다	.

57

⭐ 단어를 소리 나는 대로 읽고 바르게 써 봅시다.

 모양 치과
소리 치꽈

→ 치 과 | 치 과 | 치 과

 모양 맷돌
소리 매똘

→ 맷 돌 | 맷 돌 | 맷 돌

 모양 마술사
소리 마술싸

→ 마 술 사 | 마 술 사

⭐ 틀리게 쓴 단어를 찾아 동그라미로 표시하고 바르게 고쳐 써 봅시다.

학생들은 자기 의자에 가깍 | 각각 앉았다.

각자 | 각짜 좋아하는 음식을 말해볼까?

각 각 | 각 각 | 각 자 | 각 자

⭐ 그림에 맞게 쓴 단어를 찾아 연결하고 따라 써 봅시다.

 ● 삼각형
● 삼가켱

 ● 사각형
● 사가켱

 ● 육가켱
● 육각형

삼 각 형 | 사 각 형 | 육 각 형

⭐ 문장을 소리 내어 읽고 주어진 단어를 따라 써 봅시다.

햇과일 ➡	이모가 햇과일을[핻꽈이를] 선물로 주셨다.
햇곡식 ➡	햇곡식으로[핻꼭씨그로] 밥을 하면 맛있어요.

햇	과	일	을

햇	곡	식	으	로

✏️ 아래 문장을 따라 써 보고, 오늘 배운 단어를 사용해 글짓기 연습을 해봅시다.

치	과	의	사		선	생	님	은
마	술	사		같	다	.	삼	각	형
,	사	각	형	,	육	각	형		모
양	의		도	구	로		아	픈
이	를		말	끔	히		낫	게
한	다	.						

⭐ 단어를 소리 나는 대로 읽고 바르게 써 봅시다.

 모양 **악수**
소리 악쑤

→

 모양 **숫자**
소리 수짜

→

 모양 **주먹밥**
소리 주먹빱

→

⭐ 틀리게 쓴 단어를 찾아 동그라미로 표시하고 바르게 고쳐 써 봅시다.

뒤동산 | 뒷동산 에 오르면 마을이 훤히 보입니다.

공부할 게 많을 때는 머릿속 | 머리속 이 복잡합니다.

뒷 동 산   머 릿 속   머 릿 속

⭐ 그림에 맞게 쓴 단어를 찾아 연결하고 따라 써 봅시다.

• 바닷속
• 바다속

• 뒷좌석
• 뒤좌석

• 단추구멍
• 단춧구멍

바 닷 속   뒷 좌 석   단 춧 구 멍

⭐ 문장을 소리 내어 읽고 주어진 단어를 따라 써 봅시다.

> **횟수** ➡ 제가 줄넘기를 하면 영희는 횟수 [휃쑤]를 셌어요.
>
> **수돗가** ➡ 저기 수돗가에서 [수도까에서] 세수하는 사람이 정호입니다.

횟	수

수	돗	가	에	서

횟	수

✏️ 아래 문장을 따라 써 보고, 오늘 배운 단어를 사용해 글짓기 연습을 해봅시다.

뒷	좌	석	에		앉	아		바
닷	속	에	서		본		물	고	기
를		떠	올	렸	다	.		숫	자	를
세	어		보	니		적	어	도
백		마	리	는		되	는		것
같	았	다	.					

⭐ 단어를 소리 나는 대로 읽고 바르게 써 봅시다.

 모양 **찻길** 소리 **차낄** ➡

| 찻 | 길 | | 찻 | 길 | | 찻 | 길 |

 모양 **콧대** 소리 **코때** ➡

| 콧 | 대 | | 콧 | 대 | | 콧 | 대 |

 모양 **빗자루** 소리 **비짜루** ➡

| 빗 | 자 | 루 | | 빗 | 자 | 루 |

⭐ 틀리게 쓴 단어를 찾아 동그라미로 표시하고 바르게 고쳐 써 봅시다.

 에 민주를 만났습니다.

이번 여름방학 때는  에 가기로 했어요.

| 등 | 곳 | 길 | | 등 | 곳 | 길 | | 바 | 닷 | 가 |

⭐ 그림에 맞게 쓴 단어를 찾아 연결하고 따라 써 봅시다.

 • 콧구멍
• 코궁멍

 • 공기돌
• 공기똘

 • 비방울
• 빗방울

| 콧 | 구 | 멍 | | 공 | 기 | 돌 | | 빗 | 방 | 울 |

★ 문장을 소리 내어 읽고 주어진 단어를 따라 써 봅시다.

| 아랫집 | ➡ | 오늘 아랫집이[아래찌비] 이사를 왔어요. |
| 나뭇가지 | ➡ | 겨울이 되면 나뭇가지가[나묻까지가] 춥다고 해요. |

| 아 | 랫 | 집 | 이 |

| 나 | 뭇 | 가 | 지 | 가 |

✏ 아래 문장을 따라 써 보고, 오늘 배운 단어를 사용해 글짓기 연습을 해봅시다.

	찻	길	,		빗	자	루	,		빗	방
울	,		콧	대	,		콧	구	멍	에	는
시	옷	이		있	다	.		그	런	데
코	피	는		왜		콧	피	라	고
쓰	지		않	을	까	?				

63

⭐ 그림을 올바르게 표현한 단어를 찾아 연결하세요.

• 낚시
• 낙시

• 색종이
• 색쫑이

• 막대기
• 막때기

• 눈금
• 눈끔

⭐ 아래 문장을 읽고 [보기]와 같이 틀린 곳에 밑줄을 긋고 바르게 고쳐 쓰세요.

보기   껍찔을 함부로 버리지 마세요. (껍질)

저는 곱쓸머리입니다.

곡씩이 부족할 때는 어떻게 하나요?

목장의 젓소는 신선한 풀을 먹으며 자랍니다.

우리 모두 기분이 좋아서 야단법썩을 떨었어요.

⭐ 아래에서 맞는 단어를 찾아 모두 동그라미 치세요.

칫과	매돌	마술사	각각
각자	삼각켱	육각형	핵과일
김밥	물고기	급씩	기빨

⭐ 아래에서 맞는 단어를 찾아 색칠하세요. 무슨 글자가 보이나요?

악쑤	질서	맞장구	악기	코대
수도가	숫자	단추구멍	나뭇가지	뒤좌석
주먹밥	머릿속	횟수	빗자루	빗방울
차길	뒤동산	아랫집	등교길	코구멍
사가켱	눈쏭이	바닷속	바다가	핵곡식

3장

초등학생이 자주 틀리는 단어

초등학생들이 글을 쓸 때 자주 틀리는 단어가 있는데,
한 번씩만 써 보면 알 수 있습니다.

예 소리 두꺼비
    모양 두꺼비(O), 둑거비(X)

    소리 뒤꿈치
    모양 뒤꿈치(O), 뒷꿈치(X)

    소리 짝꿍
    모양 짝꿍(O), 짝궁(X)

⭐ 단어를 소리 나는 대로 읽고 바르게 써 봅시다.

 이거 같지만 **짝궁** / 이게 맞아요 **짝꿍** ➡ 짝 꿍 　 짝 꿍

 이거 같지만 **둑거비** / 이게 맞아요 **두꺼비** ➡ 두 꺼 비

 이거 같지만 **뒷굼치** / 이게 맞아요 **뒤꿈치** ➡ 뒤 꿈 치

⭐ 틀리게 쓴 단어를 찾아 동그라미로 표시하고 바르게 고쳐 써 봅시다.

그 빵집은 　처째 | 첫째　 주 수요일에 쉽니다.

저는 　둘째 | 두째　 입니다. 형이랑 사이좋게 지냅니다.

첫 째 　　 첫 째 　　 둘 째 　　 둘 째

⭐ 그림에 맞게 쓴 단어를 찾아 연결하고 따라 써 봅시다.

• 도끼
• 독기

• 고구마
• 고굼아

• 갠아리
• 개나리

도 끼 　　　　 고 구 마 　　　　 개 나 리

⭐ 문장을 소리 내어 읽고 주어진 단어를 따라 써 봅시다.

준비물 ➡ 새 학기가 되면 준비물이[준비무리] 많습니다.
찌꺼기 ➡ 입안의 음식 찌꺼기[찌꺼기] 때문에 이가 썩는대요.

준	비	물	이

찌	꺼	기

찌	꺼	기

 아래 문장을 따라 써 보고, 오늘 배운 단어를 사용해 글짓기 연습을 해봅시다.

	짝	꿍	이		그	랬	어	요	.
비	오	는		날		개	나	리
나	무		아	래	에	서		두	꺼
비	를		봤	는	데		고	구	마
처	럼		생	겼	다	고	.	

⭐ 단어를 소리 나는 대로 읽고 바르게 써 봅시다.

이거 같지만 샛삭
이게 맞아요 새싹

➡

새 싹 새 싹

이거 같지만 넉울이
이게 맞아요 너구리

➡

너 구 리

이거 같지만 도톨이
이게 맞아요 도토리

➡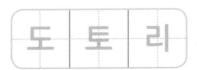

도 토 리

⭐ 틀리게 쓴 단어를 찾아 동그라미로 표시하고 바르게 고쳐 써 봅시다.

저희 엄마는 세째 | 셋째 이십니다.

아침에는 보통 구운 식빵에 쨈 | 잼 을 발라 먹어요.

 셋 째

 셋 째

 잼

 잼

 잼

⭐ 그림에 맞게 쓴 단어를 찾아 연결하고 따라 써 봅시다.

• 하품
• 합품

• 주머니
• 주먼늬

• 바구늬
• 바구니

 하 품

주 머 니

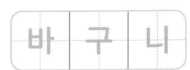 바 구 니

70

★ 문장을 소리 내어 읽고 주어진 단어를 따라 써 봅시다.

끼리 ➡ 빨간색은 빨간색끼리 [끼리] 모아줘.

함께 ➡ 함께[함께] 공부하면 더 잘 될 것 같아요.

끼	리

함	께

끼	리

함	께

✏ 아래 문장을 따라 써 보고, 오늘 배운 단어를 사용해 글짓기 연습을 해봅시다.

새	싹	이		올	라	오	는	
봄	이		되	면		너	구	리	가
겨	울	잠	에	서		깹	니	다	.
너	구	리	도		팔	을		벌	려
하	품	을		할	까	요	?	

⭐ 단어를 소리 나는 대로 읽고 바르게 써 봅시다.

 이거 같지만 **색갈**
이게 맞아요 **색깔** ➡

색 깔   색 깔

 이거 같지만 **달임이**
이게 맞아요 **다리미** ➡

다 리 미

 이거 같지만 **박아지**
이게 맞아요 **바가지** ➡

바 가 지

⭐ 틀리게 쓴 단어를 찾아 동그라미로 표시하고 바르게 고쳐 써 봅시다.

날짜 | 날자 가 아직 정해지지 않았어요.

그림 그리는 걸 보니 솜씨 | 솜시 가 좋은데!

 날 짜    날 짜    솜 씨    솜 씨

⭐ 그림에 맞게 쓴 단어를 찾아 연결하고 따라 써 봅시다.

• 소라
• 솔아

• 보자기
• 보작이

• 민알이
• 미나리

 소 라

보 자 기

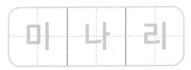 미 나 리

⭐ 문장을 소리 내어 읽고 주어진 단어를 따라 써 봅시다.

> **글쎄** ➡ 글쎄[글쎄] 나도 잘 모르겠어.
> **펄쩍** ➡ 영훈이는 그 이야기를 듣고 펄쩍[펄쩍] 뛰었다.

글	쎄

펄	쩍

글	쎄

펄	쩍

✏️ 아래 문장을 따라 써 보고, 오늘 배운 단어를 사용해 글짓기 연습을 해봅시다.

	엄	마	가		들	고		계	신
다	리	미	는		흰	색	,		보	자
기	에		쌓	인		미	나	리	는
녹	색	,		바	가	지	에		담	긴
소	라	는		갈	색	입	니	다	.

⭐ 단어를 소리 나는 대로 읽고 바르게 써 봅시다.

 이거 같지만 달역
이게 맞아요 달력 ➡

달	력

달	력

 이거 같지만 쌍커플
이게 맞아요 쌍꺼풀 ➡

쌍	꺼	풀

 이거 같지만 억음니
이게 맞아요 어금니 ➡

어	금	니

⭐ 틀리게 쓴 단어를 찾아 동그라미로 표시하고 바르게 고쳐 써 봅시다.

 벌서 | 벌써   도착했어?

맛있는 것도   가끔 | 갓금   먹어야 맛있다.

벌	써

벌	써

가	끔

가	끔

⭐ 그림에 맞게 쓴 단어를 찾아 연결하고 따라 써 봅시다.

• 해님
• 햇님

• 사냥
• 산향

• 구명족기
• 구명조끼

해	님

사	냥

구	명	조	끼

⭐ 문장을 소리 내어 읽고 주어진 단어를 따라 써 봅시다.

함부로 ➡	꽃을 함부로[함부로] 꺾으면 안 됩니다.
일부러 ➡	너, 어제 술래잡기할 때 일부러[일부러] 잡혀 준 거지?

함	부	로

일	부	러

함	부	로

✏️ 아래 문장을 따라 써 보고, 오늘 배운 단어를 사용해 글짓기 연습을 해봅시다.

달	력	을		보	니		3	월
2	일	.	해	님	은		따	뜻	했
지	만		바	람	이		불	어
어	금	니	가		덜	덜		떨	릴
정	도	로		추	웠	다	.

⭐ 단어를 소리 나는 대로 읽고 바르게 써 봅시다.

이거 같지만 뚝겅
이게 맞아요 **뚜껑** ➡

뚜 | 껑   뚜 | 껑

이거 같지만 꽤꼴이
이게 맞아요 **꾀꼬리** ➡

꾀 | 꼬 | 리

이거 같지만 독개비
이게 맞아요 **도깨비** ➡

도 | 깨 | 비

⭐ 틀리게 쓴 단어를 찾아 동그라미로 표시하고 바르게 고쳐 써 봅시다.

야, 김철수. 너 때문에 깜작 | 깜짝 놀랐잖아!

경찰이 오자 도둑은 곰짝 | 꼼짝 도 못하고 잡혔다.

 | 깜 | 짝

 | 깜 | 짝

 | 꼼 | 짝

 | 꼼 | 짝

⭐ 그림에 맞게 쓴 단어를 찾아 연결하고 따라 써 봅시다.

● 치마
● 침아

● 으뜸
● 웃듬

● 붓두막
● 부뚜막

치 | 마

으 | 뜸

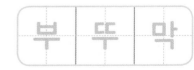
부 | 뚜 | 막

'몸을 둔하고 느리게 조금 움직이는 모양'을 나타내는
말로 "곰작" "꼼작" "꼼짝"이 있는데 "곰작"보다는
"꼼작"이, "꼼작"보다느 "꼼짝"이 더 센 느낌이에요.

월   일   :

★ 문장을 소리 내어 읽고 주어진 단어를 따라 써 봅시다.

정성껏 ➡ 그 간호사님은 환자를 정성껏[정성껃] 돌보셨어요.

재빨리 ➡ 재빨리[재빨리] 움직여야 겨울 전에 식량을 모을 수 있다.

정	성	껏

재	빨	리

정	성	껏

 아래 문장을 따라 써 보고, 오늘 배운 단어를 사용해 글짓기 연습을 해봅시다.

	고	양	이	는		부	두	막	에
엎	드	려		꾀	꼬	리	의		노
래	를		듣	는	다	.	가	마	솥
뚜	껑	도		덜	거	덕	덜	거	덕
장	단	을		맞	춘	다	.		

⭐ 그림을 올바르게 표현한 단어를 찾아 연결하세요.

- 짝꿍
- 짝궁

- 두꺼비
- 둑거비

- 뒤꿈치
- 뒷굼치

- 도끼
- 독기

⭐ 아래에 잘못 쓴 단어를 올바른 표기로 고쳐 쓰세요.

잼 ➡

세 째 ➡

합 품 ➡

넉울이 ➡

78

⭐ 아래 문장을 읽고 [보기]와 같이 틀린 곳에 밑줄을 긋고 바르게 고쳐 쓰세요.

> [보기] 날<u>자</u>가 아직 정해지지 않았어요. (날짜)

글세, 나도 잘 모르겠어.

단풍잎은 색갈이 참 예뻐요.

은희는 그림 그리는 솜시가 뛰어납니다.

지원이는 그 이야기를 듣고 펄적 뛰었다.

⭐ 아래에서 맞는 단어를 찾아 모두 동그라미 치세요.

달역	쌍꺼풀	어금니	구명족기
가끔	함부러	일부로	깜짝
으뜸	부뚜막	정성껏	독개비

⭐ 단어를 소리 나는 대로 읽고 바르게 써 봅시다.

이거 같지만 **놀우**
이게 맞아요 **노루**
➡

이거 같지만 **골자기**
이게 맞아요 **골짜기**
➡ 골 짜 기

이거 같지만 **곡갈모자**
이게 맞아요 **고깔모자**
➡

⭐ 틀리게 쓴 단어를 찾아 동그라미로 표시하고 바르게 고쳐 써 봅시다.

저는 걔 | 계 가 누군지 몰라요.

토요일에는 아빠랑 가치 | 같이 자전거를 탔다.

걔   걔   걔   같 이   같 이

⭐ 그림에 맞게 쓴 단어를 찾아 연결하고 따라 써 봅시다.

• 코끝
• 콧끝

• 보따리
• 봇달이

• 나뭇꾼
• 나무꾼

코 끝   보 따 리   나 무 꾼

⭐ 문장을 소리 내어 읽고 주어진 단어를 따라 써 봅시다.

| **일찍** | ➡ | 일찍 [일찍] 일어나면 아침 시간이 여유롭다. |
| **자꾸** | ➡ | 신경 쓰면 쓸수록 자꾸 [자꾸] 실수하게 된다. |

✏️ 아래 문장을 따라 써 보고, 오늘 배운 단어를 사용해 글짓기 연습을 해봅시다.

나무꾼은 골짜기
입구에서 보따리를
풀었어요. 주먹밥 하
나를 꺼내 노루에게
나눠 주었어요.

⭐ 단어를 소리 나는 대로 읽고 바르게 써 봅시다.

이거 같지만 꼴지
이게 맞아요 **꼴찌**

➡ 꼴 찌   꼴 찌

이거 같지만 골안이
이게 맞아요 **고라니**

➡ 고 라 니

이거 같지만 도작이
이게 맞아요 **도자기**

➡ 도 자 기

⭐ 틀리게 쓴 단어를 찾아 동그라미로 표시하고 바르게 고쳐 써 봅시다.

이 통 좀 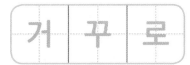 세워줄래요?

손님이  들어와 식당이 너무 복잡하다.

거 꾸 로   거 꾸 로   한 꺼 번 에

⭐ 그림에 맞게 쓴 단어를 찾아 연결하고 따라 써 봅시다.

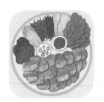
● 보쌈
● 봇삼

● 아까
● 앗가

● 잇다
● 이따

보 쌈   아 까   잇 다

⭐ 문장을 소리 내어 읽고 주어진 단어를 따라 써 봅시다.

힘껏 ➡ 줄을 힘껏[힘껃] 당겼더니 팔이 너무 아프다.

부쩍 ➡ 학년이 올라가면서 부쩍[부쩍] 숙제가 많아졌습니다.

힘	껏

부	쩍

힘	껏

부	쩍

✏️ 아래 문장을 따라 써 보고, 오늘 배운 단어를 사용해 글짓기 연습을 해봅시다.

아	빠	는		아	까		보	쌈
을		드	셨	는	데		지	금
치	킨	을		또		먹	겠	다	고
하	신	다	.	아	빠	의		배	가
부	쩍		도	자	기	처	럼		불
룩	하	다	.					

83

⭐ 단어를 소리 나는 대로 읽고 바르게 써 봅시다.

이거 같지만 눈섭
이게 맞아요 눈썹
➡

이거 같지만 팔굼치
이게 맞아요 팔꿈치
➡

이거 같지만 숨박곡질
이게 맞아요 숨바꼭질
➡

⭐ 틀리게 쓴 단어를 찾아 동그라미로 표시하고 바르게 고쳐 써 봅시다.

저희 아빠는 잠고대 | 잠꼬대 가 심해요.

아침에는 사과 하나를 통째로 | 통재로 먹었습니다.

⭐ 그림에 맞게 쓴 단어를 찾아 연결하고 따라 써 봅시다.

• 손뼉
• 손벽

• 팔짱
• 팔장

• 설매
• 썰매

손 뼉   팔 짱   썰 매

★ 문장을 소리 내어 읽고 주어진 단어를 따라 써 봅시다.

워낙   ➡   엄마는 요즘 워낙[워낙] 바쁘셔요.

여태껏   ➡   여태껏[여태껃] 뭐 하다가 지금 숙제하니?

워	낙		여	태	껏		워	낙		여	태	껏

✏ 아래 문장을 따라 써 보고, 오늘 배운 단어를 사용해 글짓기 연습을 해봅시다.

	팔	짱	을		끼	고		있	던
남	자	는		팔	꿈	치	가		들
썩	이	도	록		웃	었	다	.	그
리	고		눈	썹	을		만	지	더
니		손	뼉	을		쳤	다	.	

85

⭐ 단어를 소리 나는 대로 읽고 바르게 써 봅시다.

이거 같지만	곳갈
이게 맞아요	고깔

➡

고	깔	고	깔

이거 같지만	사달이
이게 맞아요	사다리

➡

사	다	리

이거 같지만	수숫강
이게 맞아요	수수깡

➡

수	수	깡

⭐ 틀리게 쓴 단어를 찾아 동그라미로 표시하고 바르게 고쳐 써 봅시다.

창문에는   장금장치 | 잠금장치   가 있어요.

물고기는   지늘어미 | 지느러미   를 움직여 헤엄을 칩니다.

잠	금	장	치

지	느	러	미

⭐ 그림에 맞게 쓴 단어를 찾아 연결하고 따라 써 봅시다.

• 쪽지
• 쪽찌

• 날씨
• 날시

• 팔지
• 팔찌

쪽	지

날	씨

팔	찌

★ 문장을 소리 내어 읽고 주어진 단어를 따라 써 봅시다.

여쭈다   ➡   모르는 건 선생님께 여쭈어[여쭈어] 봐.

불쌍하다   ➡   영화 속 주인공이 너무 불쌍했다[불쌍해따].

| 여 | 쭈 | 어 | | 불 | 쌍 | 했 | 다 | | 여 | 쭈 | 어 |

✏️ 아래 문장을 따라 써 보고, 오늘 배운 단어를 사용해 글짓기 연습을 해봅시다.

오	늘	은		수	업	시	간	에
수	수	깡	으	로		만	들	기	를
했	다	.	우	리	들	은		사	다
리	,	고	깔	,	팔	찌	,	옷	걸
이		등	을		만	들	었	다	.

⭐ 단어를 소리 나는 대로 읽고 바르게 써 봅시다.

 이거 같지만 **돔아** / 이게 맞아요 **도마** ➡ 도 마   도 마

 이거 같지만 **맞힘표** / 이게 맞아요 **마침표** ➡ 마 침 표

 이거 같지만 **속굽놀이** / 이게 맞아요 **소꿉놀이** ➡ 소 꿉 놀 이

⭐ 틀리게 쓴 단어를 찾아 동그라미로 표시하고 바르게 고쳐 써 봅시다.

수수께끼 | 수숫객기 를 맞히면 소원을 들어줄게.

동생은 옷에 지푸라기 | 지풀아기 를 잔뜩 묻히고 들어왔어요.

수 수 께 끼

지 푸 라 기

⭐ 그림에 맞게 쓴 단어를 찾아 연결하고 따라 써 봅시다.

 • 태극기 • 태국기

 • 뭐 • 모

 • 영극 • 연극

태 극 기

뭐

연 극

★ 문장을 소리 내어 읽고 주어진 단어를 따라 써 봅시다.

| 터뜨리다 | ➡ | 풍선을 불고 바로 터뜨리다[터뜨리다]. |
| 빠뜨리다 | ➡ | 스마트폰을 구멍에 빠뜨리다[빠뜨리다]. |

터	뜨	리	다

빠	뜨	리	다

✏ 아래 문장을 따라 써 보고, 오늘 배운 단어를 사용해 글짓기 연습을 해봅시다.

	뭐		하	고		놀	까		고
민	하	다	가		소	곱	놀	이	를
했	다	.	진	희	는		연	극	배
우	를		해	도		될		만	큼
진	짜		엄	마		같	았	다	.

89

복습해봅시다!

⭐ 그림을 올바르게 표현한 단어를 찾아 연결하세요.

- 코끝
- 콧끝

- 나무꾼
- 나뭇꾼

- 골자기
- 골짜기

- 고깔모자
- 곡갈모자

⭐ 아래에 잘못 쓴 단어를 올바른 표기로 고쳐 쓰세요.

봇삼 ➡

앗가 ➡

꼴지 ➡

한거번에 ➡

⭐ 아래 문장을 읽고 [보기]와 같이 틀린 곳에 밑줄을 긋고 바르게 고쳐 쓰세요.

| 보기 | 저희 아빠는 <u>잠고대</u>가 심해요. (잠꼬대) |

팔굼치에서 피가 났다.

희진이는 손벽을 치며 웃었어요.

엄마가 요즘 원악 바쁘시거든요.

사과는 통재로 먹는 게 몸에 좋다.

⭐ 아래에서 맞는 단어를 찾아 모두 동그라미 치세요.

곡갈	지푸라기	수수깡	장금장치
지느러미	쪽찌	날씨	팔찌
엿쭈다	불쌍하다	맞힘표	영극

맞 춫 법

달 으

틈  구

4장

엄마 아빠도 헷갈리는 단어

외국에서 온 말 중에 자주 틀리는 단어가 있습니다.

예 프라이팬(O), 후라이팬(X)

너무 많은 사람이 잘못 사용해서
엄마 아빠도 틀리기 쉬운 단어가 있습니다.

예 설레다(O), 설레이다(X)

뜻이 다른데도 생김새와 소리가 비슷해서
엄마 아빠도 잘못 사용하는 단어가 있습니다.

예 벌이다: 일을 시작하다
벌리다: 넓히거나 멀게 하다

31 엄마 아빠도 헷갈리는 단어

⭐ 단어를 소리 나는 대로 읽고 바르게 써 봅시다.

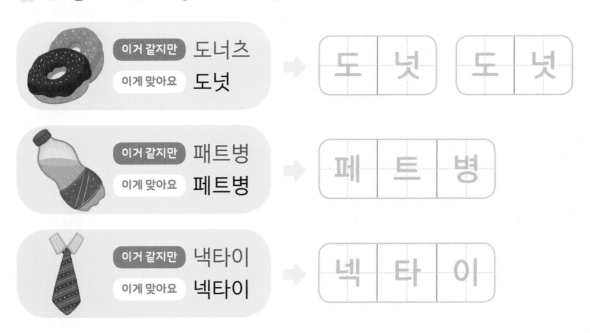

| 이거 같지만 | 도너츠 |
| 이게 맞아요 | 도넛 |

➡ 도 넛   도 넛

| 이거 같지만 | 패트병 |
| 이게 맞아요 | 페트병 |

➡ 페 트 병

| 이거 같지만 | 낵타이 |
| 이게 맞아요 | 넥타이 |

➡ 넥 타 이

⭐ 틀리게 쓴 단어를 찾아 동그라미로 표시하고 바르게 고쳐 써 봅시다.

제 키는 140  센치미터 | 센티미터 입니다.

서울에서 부산까지 거리는 약 400  킬로미터 | 키로미터 이다.

센 티 미 터   킬 로 미 터

⭐ 그림에 맞게 쓴 단어를 찾아 연결하고 따라 써 봅시다.

- 리모컨
- 리모콘

- 에어컨
- 에어콘

- 컨센트
- 콘센트

리 모 컨   에 어 컨   콘 센 트

⭐ 문장을 소리 내어 읽고 주어진 단어를 따라 써 봅시다.

슈퍼맨 ➡ 나도 슈퍼맨처럼 [슈퍼맨처럼] 힘이 세면 좋겠다.

슈퍼마켓 ➡ 주말에는 엄마와 슈퍼마켓에서 [슈퍼마케세서] 장을 봅니다.

슈	퍼	맨	처	럼

슈	퍼	마	켓	에	서

✏️ 아래 문장을 따라 써 보고, 오늘 배운 단어를 사용해 글짓기 연습을 해봅시다.

	에	어	컨		틀	고		소	파
에		앉	아		도	넛		먹	으
며		T	V		보	면		그	야
말	로		천	국	이	다	.		단	,
리	모	컨	은		필	수	이	다	.

⭐ 단어를 소리 나는 대로 읽고 바르게 써 봅시다.

이거 같지만 **로케트**
이게 맞아요 **로켓**

→

로	켓		로	켓

이거 같지만 **로보트**
이게 맞아요 **로봇**

→

로	봇		로	봇

이거 같지만 **훌라우프**
이게 맞아요 **훌라후프**

→

훌	라	후	프

⭐ 틀리게 쓴 단어를 찾아 동그라미로 표시하고 바르게 고쳐 써 봅시다.

축구 선수들이 화이팅 | 파이팅 을 외치며 경기장으로 들어갔다.

나는 반찬 중에서 달걀 프라이 | 후라이 를 제일 좋아한다.

파	이	팅

파	이	팅

프	라	이

⭐ 그림에 맞게 쓴 단어를 찾아 연결하고 따라 써 봅시다.

• 텐트
• 탠트

• 팝콘
• 팦콘

• 테레비전
• 텔레비전

텐	트

팝	콘

텔	레	비	전

★ 문장을 소리 내어 읽고 주어진 단어를 따라 써 봅시다.

> **주스** ➡ 오렌지 주스[쥬스] 한 잔이면 충분해요.
> **스티커** ➡ 하루 종일 스티커[스틱커]를 붙이면서 놀았습니다.

주	스	스	티	커	주	스	스	티	커

✏️ 아래 문장을 따라 써 보고, 오늘 배운 단어를 사용해 글짓기 연습을 해봅시다.

	로	켓	을		쏘	는		로	봇
영	화	를		봤	다	.	하	지	만
별	로	였	다	.	텔	레	비	전	이
나		볼		걸	!		하	지	만
팝	콘	은		맛	있	었	다	.	

33 엄마 아빠도 헷갈리는 단어

⭐ 단어를 소리 나는 대로 읽고 바르게 써 봅시다.

이거 같지만 **팽긴**
이게 맞아요 **펭귄**

➡️ 펭 권   펭 귄

이거 같지만 **싸인팬**
이게 맞아요 **사인펜**

➡️ 사 인 펜

이거 같지만 **요쿠르트**
이게 맞아요 **요구르트**

➡️ 요 구 르 트

⭐ 틀리게 쓴 단어를 찾아 동그라미로 표시하고 바르게 고쳐 써 봅시다.

 을 너무 많이 하면 머리가 아플지도 몰라.

이어달리기를 하다가  을 떨어뜨려서 졌습니다.

게 임   게 임   바 통   바 통

⭐ 그림에 맞게 쓴 단어를 찾아 연결하고 따라 써 봅시다.

● 카메라
● 카매라

● 프라이팬
● 후라이팬

● 전자렌지
● 전자레인지

카 메 라   카 메 라   프 라 이 팬

프 라 이 팬   전 자 레 인 지

98

⭐ 문장을 소리 내어 읽고 주어진 단어를 따라 써 봅시다.

| 스티로폼 | ➡ | 스티로폼은[스치로포믄] 재활용이 됩니다. |
| 스케치북 | ➡ | 새 학기 준비물에 스케치북이[스케치부기] 있습니다. |

| 스 | 티 | 로 | 폼 | 은 |

| 스 | 케 | 치 | 북 | 이 |

 아래 문장을 따라 써 보고, 오늘 배운 단어를 사용해 글짓기 연습을 해봅시다.

사	인	펜	으	로		주	방	을
그	렸	다	.		프	라	이	팬	,	전
자	레	인	지	,		요	구	르	트	,
그	리	고		선	반		위	의
카	메	라	까	지	.	포	근	하	다	.

엄마 아빠도 헷갈리는 단어

⭐ 단어를 소리 나는 대로 읽고 바르게 써 봅시다.

이거 같지만 **패달**
이게 맞아요 **페달**

➡️ 페 달 　 페 달

이거 같지만 **태잎**
이게 맞아요 **테이프**

➡️ 테 이 프

이거 같지만 **배드민튼**
이게 맞아요 **배드민턴**

➡️ 배 드 민 턴

⭐ 틀리게 쓴 단어를 찾아 동그라미로 표시하고 바르게 고쳐 써 봅시다.

스폰지 | 스펀지　에 거품이 잔뜩 묻어 있다.

블럭 | 블록　을 가지고 놀았으면 치워야 합니다.

스 펀 지 　 스 펀 지 　 블 록 　 블 록

⭐ 그림에 맞게 쓴 단어를 찾아 연결하고 따라 써 봅시다.

• 커튼
• 커텐

• 초콜릿
• 초코렛

• 크래파스
• 크레파스

커 튼 　 초 콜 릿 　 크 레 파 스

★ 문장을 소리 내어 읽고 주어진 단어를 따라 써 봅시다.

| 엘리베이터 | ➡ | 엘리베이터[엘리베이터]가 정비 중이었습니다. |
| 에스컬레이터 | ➡ | 그래서 에스컬레이터[에스컬레이터]를 타고 올라왔어요. |

| 엘 | 리 | 베 | 이 | 터 |

| 에 | 스 | 컬 | 레 | 이 | 터 |

🖊 아래 문장을 따라 써 보고, 오늘 배운 단어를 사용해 글짓기 연습을 해봅시다. 😊

	커	튼	을		걷	으	니		초
콜	릿	처	럼		달	콤	한		햇
살	이		들	어	온	다	.		창	문
에		지	저	분	한		테	이	프
자	국	이		거	슬	린	다	.

⭐ 아래 글을 읽고 맞는 단어를 찾아 동그라미로 표시하고 따라 써 봅시다.

침대에 누워  을 긁적이는 저에게

 를 하시던 엄마가 말씀하셨어요.

"얼른 일어나!  은 떼고 학교에 가야지!"

저는 깜짝 놀라 소리를 쳤습니다. "으~ 지각이다!"

배	꼽

설	거	지

눈	곱

⭐ 틀리게 쓴 단어를 찾아 동그라미로 표시하고 바르게 고쳐 써 봅시다.

할머니의  은 약간 맵지만 정말 맛있다.

 은 닭고기를 넣고 얼큰하게 끓인 국입니다.

육	개	장

육	개	장

닭	개	장

⭐ 사다리타기를 한 후 맞는 단어를 찾아 따라 써 봅시다.

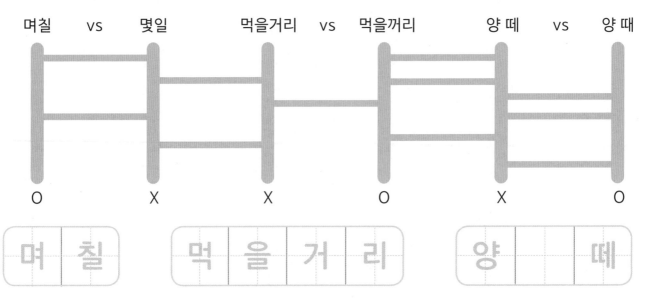

며	칠

먹	을	거	리

양		떼

⭐ 왼쪽의 두 단어 중 맞는 단어를 찾아 오른쪽에 올바르게 써 봅시다.

깨끗이 ➡
깨끗히 ➡ 손을 |　|　|　| 씻어야 합니다.

뿔뿔히 ➡
뿔뿔이 ➡ 학생들은 |　|　|　| 흩어졌다.

| 깨 | 끗 | 이 |
| 뿔 | 뿔 | 이 |

| 깨 | 끗 | 이 |
| 뿔 | 뿔 | 이 |

| 깨 | 끗 | 이 |
| 뿔 | 뿔 | 이 |

✏️ 아래 문장을 따라 써 보고, 오늘 배운 단어를 사용해 글짓기 연습을 해봅시다.

주	말	에	는		목	장	에	서
풀	을		뜯	는		양		때	를
봤	다	.		집	으	로		돌	아	오
는		길	에	는		며	칠		먹
을	거	리	를		사	왔	다	.

103

복습해봅시다!

⭐ 그림을 올바르게 표현한 단어를 찾아 연결하세요.

- 도넛
- 도너츠

- 리모컨
- 리모콘

- 에어컨
- 에어콘

- 콘센트
- 컨센트

⭐ 아래에 잘못 쓴 단어를 올바른 표기로 고쳐 쓰세요.

탠트 ➡			

화이팅 ➡			

스틱커 ➡			

훌라우프 ➡				

⭐ 아래 문장을 읽고 [보기]와 같이 틀린 곳에 밑줄을 긋고 바르게 고쳐 쓰세요.

> 보기   <u>개임</u>을 너무 많이 하면 머리가 아플지도 몰라요. (게임)

펭귄은 추운 곳에서 산다.

싸인팬은 지우개로 지울 수 없다.

아빠와 마트에서 후라이팬을 샀습니다.

내일 만들기 시간에 스치로폼을 사용한대요.

⭐ 아래에서 맞는 단어를 찾아 모두 동그라미 치세요.

테이프	스폰지	블럭	커튼
초콜릿	엘리베이터	에스컬레이터	배꼽
설겆이	눈꼽	육개장	먹을꺼리

많은 사람이 잘못 쓰는 단어

⭐ 아래 글을 읽고 맞는 단어를 찾아 동그라미로 표시하고 따라 써 봅시다.

오늘은 오랫만에, 오랜만에 학교를 가서

설레는, 설레이는 날이었다. 하지만 등굣길에 껌을

밟았다. 새 운동화를 신었는데! 누가 껌을 뱉었는지 너무

괘심, 괘씸 했다.

오	랜	만	에

설	레	는

괘	씸

⭐ 틀리게 쓴 단어를 찾아 동그라미로 표시하고 바르게 고쳐 써 봅시다.

나쁜 소문은 금세, 금새 퍼진다.

맛있는 음식도 자주 먹으면 실증, 싫증 이 난다.

금	세

금	세

싫	증

싫	증

⭐ 사다리타기를 한 후 맞는 단어를 찾아 따라 써 봅시다.

희한하다 vs 희안하다   가르키다 vs 가리키다   드러나다 vs 들어나다

O   X   X   X   O   O

희	한	하	다

가	리	키	다

드	러	나	다

⭐ 왼쪽의 두 단어 중 맞는 단어를 찾아 오른쪽에 올바르게 써 봅시다.

곰곰이 ➡
곰곰히 ➡ 나는 ☐☐☐ 생각에 잠겼다.

깊숙히 ➡
깊숙이 ➡ 갯벌 ☐☐☐ 발이 빠졌다.

곰	곰	이

곰	곰	이

곰	곰	이

깊	숙	이

깊	숙	이

깊	숙	이

✏️ 아래 문장을 따라 써 보고, 오늘 배운 단어를 사용해 글짓기 연습을 해봅시다.

	달	이		드	러	나	자		사
람	들	은		달	을		가	리	켰
다	.	그	리	고		희	한	하	게
도		모	두		손	을		모	으
고		소	원	을		빌	었	다	.

37 많은 사람이 잘못 쓰는 단어

⭐ 아래 글을 읽고 맞는 단어를 찾아 동그라미로 표시하고 따라 써 봅시다.

  동네에서는 좀 더 조심할 그랬다. 이모네 집 앞 모퉁이에서 자전거와 부딪혔다. 많이 다

치진  그래도 아팠다.

낮	선

걸

않	았	는	데

⭐ 틀리게 쓴 단어를 찾아 동그라미로 표시하고 바르게 고쳐 써 봅시다.

민정아, 생일 축하해. 오늘 하루 행복하길  .

새해 제  은 가족 모두 건강하게 지내는 겁니다.

바	라

바	라

바	람

바	람

⭐ 사다리타기를 한 후 맞는 단어를 찾아 따라 써 봅시다.

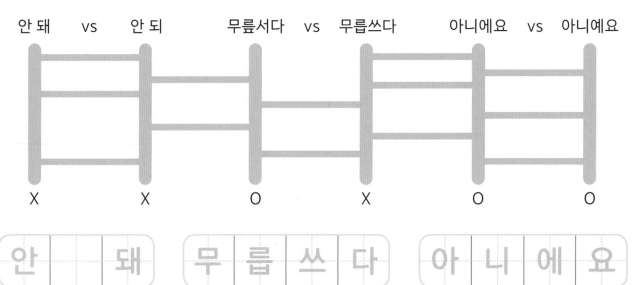

안 돼 vs 안 되   무릎서다 vs 무릎쓰다   아니에요 vs 아니예요

X   X   O   X   O   O

안	돼

무	릎	쓰	다

아	니	에	요

⭐ 왼쪽의 두 단어 중 맞는 단어를 찾아 오른쪽에 올바르게 써 봅시다.

할게요 ➡

할께요 ➡
선생님, 제가 [| |] .

꺼예요 ➡

거예요 ➡
내일은 학교에 일찍 올 [| |] .

할	게	요

할	게	요

할	게	요

거	예	요

거	예	요

거	예	요

✏️ 아래 문장을 따라 써 보고, 오늘 배운 단어를 사용해 글짓기 연습을 해봅시다.

	모	두			"	안		돼	!	"
라	고		말	릴		때		나	는	
	"	아	니	에	요	!	"		하	며
실	패	를		무	릅	쓰	고			계
속		도	전	했	다	.		결	국	
해	냈	다	.							

⭐ 두 단어가 어떻게 사용되는지 읽고 따라 써 봅시다.

왠 vs 웬

왠 ➡ "이유 없이 왜 그런지 모르겠다"라는 뜻이에요.
웬 ➡ "어찌 된 것인지"라는 뜻이에요.

시	험		전	에	는		아	는		것	도
틀	릴	까		왠	지		불	안	하	다	.

집	에		왔	을		때		웬		택	배
가		도	착	해		있	었	다	.		

꾀 vs 꽤

꾀 ➡ "어떤 일을 잘 해결하는 생각이나 수단"이라는 뜻이에요.
꽤 ➡ "보통보다 조금 더 괜찮은 상태"라는 뜻이에요.

꾀		많	은		진	호	를		사	람	들
은		꾀	돌	이	라	고		부	른	다	.

직	접		걸	어	가		보	니		학	교
까	지		꽤		멀	었	다	.			

어떡해 vs 어떻게

어떡해 ➡ "어떻게 해"의 줄임말이에요.

어떻게 ➡ "어떻다"라는 뜻이에요.

준	비	물	을		집	에		두	고		왔
는	데		어	떡	해	?					
어	떻	게		공	부	를		하	면		맞
춤	법	을		안		틀	릴	까	?		

로서 vs 로써

~로서 ➡ "누군가의 지위나 신분, 자격"을 뜻할 때 쓰는 말이에요.

~로써 ➡ "어떤 일의 수단이나 도구"를 뜻할 때 쓰는 말이에요.

너	를		돕	는		건		친	구	로	서
당	연	한		일	이	다	.				
오	해	가		있	다	면		대	화	로	써
푸	는		것	이		옳	다	.			

⭐ 두 단어가 어떻게 사용되는지 읽고 따라 써 봅시다.

너머 vs 넘어

너머 ➡ 경계 등으로 가로막힌 곳의 저쪽을 뜻할 때 쓰는 말이에요.
넘어 ➡ 일정한 시기, 범위, 시간 등에서 벗어나 지나갔을 때 쓰는 말이에요.

저		산		너	머	에		아	파	트
공	사	가		한	창	이	다	.		

버	스	는		언	덕	을		넘	어		도
시	로		내	달	렸	다	.				

안 vs 않

안 ➡ "아니"의 줄임말이에요.
않 ➡ "~지 아니하다"는 줄임말이에요.

어	제	는		책	을		안		읽	은	
대	신		일	찍		잤	다	.			

어	제	는		일	찍		잔		대	신
책	을		읽	지		않	았	다	.	

던 vs 든

던 ➡ 과거 회상에 관한 문장을 쓸 때 사용하는 말이에요.

든 ➡ 선택 혹은 양보에 관한 문장을 쓸 때 사용하는 말이에요.

아	빠	는		어	릴		때		먹	던	
음	식	을		좋	아	하	신	다	.		

시	험	을		보	든		안		보	든	
공	부	는		해	야		합	니	다	.	

(받침 있는 단어 뒤에) 이어서 vs (받침 없는 단어 뒤에) 여서

~이어서 ➡ 받침 있는 단어 뒤에 쓰는 말이에요.

~여서 ➡ 받침 없는 단어 뒤에 쓰는 말이에요.

"이여서"라는 말은 없어요!

내	가		좋	아	하	는		반	찬	이	어
서		밥	을		많	이		먹	었	다	.

내	가		좋	아	하	는		과	자	여	서
두		봉	지	를		더		샀	다	.	

113

38 생김새와 소리가 비슷하나 뜻이 다른 단어

⭐ 두 단어가 어떻게 사용되는지 읽고 따라 써 봅시다.

(받침 있는 단어 뒤에) 이었다 vs (받침 없는 단어 뒤에) 였다

~**이었다** ➡ 받침 있는 단어 뒤에 쓰는 말이에요.

~**였다** ➡ 받침 없는 단어 뒤에 쓰는 말이에요.

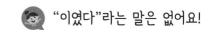 "이였다"라는 말은 없어요!

나	무	늘	보	는		그	날		가	장	
인	기		많	은		동	물	이	었	다	.

오	늘		급	식		메	뉴	는		내	가
싫	어	하	는			두	부	였	다	.	

(받침 있는 단어 뒤에) 이에요 vs (받침 없는 단어 뒤에) 예요

~**이에요** ➡ 받침 있는 단어 뒤에 쓰는 말이에요.

~**예요** ➡ 받침 없는 단어 뒤에 쓰는 말이에요.

👦 "이예요"라는 말은 없어요!

영	희	는		깜	짝		놀	라	며		물
었	다	.	이	거		똥	이	에	요	?	

방	학	은		내	일	까	지	예	요	.	모
레	까	지	라	니		오	해	예	요	.	

데다 vs 대다

데다 ⇒ 불이나 뜨거운 기운에 다쳤을 때 쓰는 말이에요.

대다 ⇒ 무엇을 어디에 닿게 할 때 혹은 받칠 때 쓰는 말이에요.

뜨	거	운		밥	을		허	겁	지	겁
먹	다	가		혀	를		데	다	.	

주	차	장	에		들	어	가	자	마	자
서	둘	러		차	를		대	다	.	

개다 vs 괴다

개다 ⇒ 흐리거나 궂은 날씨가 맑아진다는 뜻이에요.

괴다 ⇒ 기울어지거나 쓰러지지 않게 아래를 받친다는 뜻이에요.

먹	구	름		가	득	하	던		하	늘	이
오	후	부	터		차	츰		개	다	.	

책	상		다	리		한		쪽	이		짧
아		나	무	토	막	으	로		괴	다	.

39 생김새와 소리가 비슷하나 뜻이 다른 단어

⭐ 두 단어가 어떻게 사용되는지 읽고 따라 써 봅시다.

반듯이 vs 반드시

반듯이 ➡ "생김새나 행동 등이 말끔하다"라는 뜻이에요.
반드시 ➡ "틀림없이, 꼭" 이라는 뜻이에요.

반	듯	이		앉	아		있	는		아	이
를		보	면		기	분	이		좋	다	.
학	교	에	서		돌	아	오	면		반	도
시		손	부	터		씻	으	세	요	.	

이따가 vs 있다가

이따가 ➡ "조금 지난 뒤에"라는 뜻이에요.
있다가 ➡ "있다"의 활용형으로 "어느 곳에서 머무는 모습"을 뜻해요.

좀		이	따	가		도	서	관		앞	에
서		만	나	기	로		했	어	요	.	
집	에	서		10	분	만		있	다	가	
놀	이	터	로		나	갈	게	요	.		

주어도 vs 주워도

주어도 ➡ "주다"의 활용형으로 "누군가에게 물건이나 시간 등을 건네는 모습"을 뜻해요.

주워도 ➡ "줍다"의 활용형으로 "바닥에 떨어진 것을 집는 모습"을 뜻해요.

네	가		가	진		걸		나	누	어
주	어	도		괜	찮	아	.			
공	원	에		떨	어	진		쓰	레	기	는
주	워	도		끝	이		없	다	.		

여위다 vs 여의다

여위다 ➡ "몸에서 살이 빠져 비실거려 보이는 모습"이라는 뜻이에요.

여의다 ➡ "누군가가 죽어 이별하는 모습"이라는 뜻이에요.

오	랜	만	에		본		선	영	이	의
얼	굴	이		많	이		여	위	었	다	.
선	영	이	는		지	난		달	에		어
머	님	을		여	의	었	다	.		

생김새와 소리가 비슷하나 뜻이 다른 단어

⭐ 두 단어가 어떻게 사용되는지 읽고 따라 써 봅시다.

쉬웠다 vs 쉬었다

쉬웠다 ➡ "쉽다"의 활용형으로 "어렵지 않음"을 표현하는 말이에요.

쉬었다 ➡ "피로 해소를 위해 몸을 편안하게 하는 모습"을 표현하는 말이에요.

공	부	를		많	이		해	서	인	지	
이	번		시	험	은		쉬	웠	다	.	
어	제	는		피	곤	해	서		저	녁	부
터		푹		쉬	었	다	.				

세다 vs 새다

세다 ➡ "수를 헤아리거나 행동이나 기세 등이 강함"을 표현하는 말이에요.

새다 ➡ "액체나 기체 등이 틈으로 조금씩 빠져나오는 모습"을 표현하는 말이에요.

칠	판		앞	에	서		숫	자	를		세
는		영	호	는		힘	이		세	다	.
물	이		새	는		텐	트	에	서		불
빛	도		새	고		있	다	.			

낫다 vs 낳다

낫다 ➡ "둘을 놓고 비교했을 때 더 좋은 것 혹은 아픈 게 괜찮아지는"을 뜻하는 말이에요.
낳다 ➡ "배 속의 새끼를 몸 밖으로 내놓는 모습"을 표현한 말이에요.

추	운		겨	울	보	다	는		더	운	
여	름	이		지	내	기		낫	다	.	
작	년	에		결	혼	한		이	모	가	
가	을	에		아	기	를		낳	았	다	.

(양념 등에) 조리다 vs (마음을) 졸이다

조리다 ➡ "열을 가해 양념이 재료에 배어들게 하는 모습"을 뜻하는 말이에요.
졸이다 ➡ "마음이 바싹바싹 타고 초조해하는 모습"을 뜻하는 말이에요.

두	툼	한		고	기	를		2	시	간	
동	안		간	장	에		조	리	다	.	
시	험	을		앞	두	고		마	음	을	
잔	뜩		졸	이	다	.					

⭐ 두 단어가 어떻게 사용되는지 읽고 따라 써 봅시다.

(일, 사업을) 벌이다 vs (간격을) 벌리다

벌이다 ➡ "일이나 계획 등이 시작되는 모습"을 뜻하는 말이에요.

벌리다 ➡ "두 물체 사이를 넓히거나 멀게 두는 모습"을 뜻하는 말이에요.

농	사	가		끝	난		마	을	에	서	
잔	치	를		크	게		벌	이	다	.	
달	려	오	는		아	이	를		향	해	
두		팔	을		크	게		벌	리	다	.

(길이를) 늘이다 vs (부피나 크기를) 늘리다

늘이다 ➡ "길이를 처음보다 더 길어지게 하는 모습"을 뜻하는 말이에요.

늘리다 ➡ "넓이, 부피 등을 처음보다 커지게 하는 모습"을 뜻하는 말이에요.

줄	어	든		고	무	줄	을		있	는	
힘	껏		길	게		늘	이	다	.		
자	동	차	가		많	아	지	면	서		주
차	장		크	기	를		늘	리	다	.	

찢다 vs 찧다

찢다 ⇒ 잡아당겨서 가른다는 뜻이며 여러 갈래로 나눌 때 쓰는 말이에요.

찧다 ⇒ 위에서 아래로 내리친다는 뜻이며 곡식을 빻을 때 자주 쓰는 말이에요.

고	기	는		두	툼	하	게		썰	고
김	치	는		길	쭉	하	게		찢	다	.

떡	을		만	들	기		위	해		절	구
통	에		쌀	을		넣	고		찧	다	.

쫓다 vs 좇다

쫓다 ⇒ 무엇을 잡거나 만나기 위해 급하게 따를 때 쓰거나 졸음 등을 물리칠 때도 써요.

좇다 ⇒ 목표, 꿈, 행복 등을 원하고 따를 때 쓰는 말이에요.

신	고	를		받	고		도	착	한		경
찰	이		도	둑	을		쫓	다	.

어	린		시	절	부	터		동	경	한
경	찰	이	라	는		꿈	을		좇	다	.

생김새와 소리가 비슷하나 뜻이 다른 단어

⭐ 두 단어가 어떻게 사용되는지 읽고 따라 써 봅시다.

썩다 vs 섞다

썩다 ➡ "살아 있는 것이 세균에 의해 분해되는 모습"을 뜻하는 말이에요.

섞다 ➡ "두 가지 이상의 무언가를 한 곳에서 합치는 모습"을 뜻하는 말이에요.

사	탕	과		젤	리	를		많	이		먹
어		어	금	니	가		썩	다	.		

노	랑		물	감	과		파	랑		물	감
을		천	천	히		섞	다	.			

잃어버리다 vs 잊어버리다

잃어버리다 ➡ "소유한 것이 나도 모르게 없어짐"을 뜻하는 말이에요.

잊어버리다 ➡ "알았던 것을 더는 기억해내지 못하는 모습"을 뜻하는 말이에요.

학	교	에	서		집	에		오	는		길
에		돈	을		잃	어	버	리	다	.	

친	하	게		지	내	던		친	구	의	
이	름	을		잊	어	버	리	다	.		

메다 vs 매다

메다 ➡ "어깨에 무언가를 올리거나 걸치는 모습"을 뜻하는 말이에요.

매다 ➡ "끈이나 줄의 각 끝을 엇갈리게 걸어 풀어지지 않게 하는 모습"을 뜻하는 말이에요.

학	교	에		가	기		위	해		일	어
나		가	방	을		메	다	.			
달	리	기		시	합	을		앞	두	고	
운	동	화		끈	을		매	다	.		

적다 vs 작다

적다 ➡ "기준보다 분량, 정도 등이 부족함"을 표현하는 말이에요.

작다 ➡ "비교 대상보다 길이, 넓이, 부피 등이 모자람"을 표현하는 말이에요.

오	늘	은		금	요	일	이	라	서		평
소	보	다		숙	제	가		적	다	.	
소	설	책	은		만	화	책	보	다		보
통		크	기	가		작	다	.			

생김새와 소리가 비슷하나 뜻이 다른 단어

⭐ 두 단어가 어떻게 사용되는지 읽고 따라 써 봅시다.

바치다 vs 받치다

바치다 ➡ "윗사람에게 정중하게 무언가를 가져다주는 모습"을 뜻하는 말이에요.

받치다 ➡ "물체에 다른 물체를 대어 지탱하는 모습"을 뜻하는 말이에요.

가	을	에		수	확	한		곡	식	을	
임	금	에	게		바	치	다	.			

라	면	이		끓	는		냄	비	를		받
침	대	로			받	치	다	.			

닫히다 vs 다치다

닫히다 ➡ 열렸던 게 도로 제자리로 가는 "닫다"의 피동사에요.

다치다 ➡ "외부적 타격으로 몸에 상처가 생기는 모습"을 뜻하는 말이에요.

열	어		둔		창	으	로		바	람	이
불	어		문	이		쾅		닫	히	다	.

달	려	오	다	가		넘	어	져	서		무
릎	을			다	치	다	.				

들리다 vs 들르다

들리다 ➡ 청각 기관으로 소리를 알아채는 "듣다"의 피동사에요.

들르다 ➡ "가던 길에 어떠한 곳에 들어가 머무는 모습"을 뜻하는 말이에요.

라	디	오	에	서		잔	잔	한		음	악
소	리	가		들	리	다	.				

학	교		끝	나	고		집	에		올	
때		슈	퍼	에		들	르	다	.		

(떨어지지 않게 하다) 붙이다 / (누군가에게 보내다) 부치다

붙이다 ➡ 맞닿아 떨어지지 않게 하는 "붙다"의 사동사에요.

부치다 ➡ "편지나 물건을 수단이나 방법으로 누군가에게 보내는 모습"을 뜻하는 말이에요.

선	생	님	께		보	낼		편	지	봉	투
에		우	표	를		붙	이	다	.		

선	생	님	을		생	각	하	며		우	체
국	에	서		편	지	를		부	치	다	.

40 생김새와 소리가 비슷하나 뜻이 다른 단어

⭐ 두 단어가 어떻게 사용되는지 읽고 따라 써 봅시다.

맞히다 vs 맞추다

맞히다 ➡ "맞다"의 사동사로 쓰여요.

맞추다 ➡ "떨어져 있는 부분을 맞게 대어 붙이는 모습"을 뜻하는 말이에요.

시	간	이		걸	렸	지	만		모	든
문	제	의		정	답	을		맞	히	다	.

흐	트	러	진		조	각	이		어	긋	나
지		않	게		맞	추	다	.			

아니오 vs 아니요

아니오 ➡ 형용사 "아니다"의 활용형으로 쓰여요.

아니요 ➡ 질문에 관해 부정적인 대답으로 쓰는 말이에요.

잘	못		아	셨	소	.		내		이	름
은		김	철	수	가		아	니	오	.	

아	니	요	.		그		일	은		제	가
한		게		아	닌	데	요	.			

떼다 vs 때다

떼다 ➡ 붙어 있거나 닿아 있는 것을 떨어지게 한다는 뜻이에요.

때다 ➡ 불을 지펴 타게 한다는 뜻이에요.

한	참	을		보	고		있	던		스	마
트	폰	에	서		눈	을		떼	다	.	
연	기	로		따	가	운		눈	을		비
비	며		장	작	을		때	다	.		

닫다 vs 닿다

닫다 ➡ 열린 문짝, 뚜껑, 서랍 따위를 도로 제자리로 가게 하여 막는다는 뜻이에요.

닿다 ➡ 어떤 물체가 다른 물체와 맞붙어 빈틈이 없다는 뜻이에요.

급	한		일	이		있	는		듯		자
동	차		문	을		쾅		닫	다	.	
일	렁	이	는		바	닷	물	이		신	발
을		벗	은		발	에		닿	다	.	

복습해봅시다!

⭐ 민주와 영은이의 맞춤법 대결입니다. 맞힌 사람의 동그라미를 칠하세요. 누가 이길까요?

민주		라운드		영은
낯설은 동네	○	1	○	낯선 동네
지금은 안 돼	○	2	○	지금은 안 되
조심할 걸	○	3	○	조심할 껄
아니에요	○	4	○	아니예요

⭐ 아래 문장을 읽고 [보기]와 같이 틀린 곳에 밑줄을 긋고 바르게 고쳐 쓰세요.

> **보기**   시험 전에는 <u>웬지</u> 불안하다. (왠지)

필통을 안 가져 왔는데 어떻해?

저 산 넘어에 도시가 있다.

어제는 학교에 않 갔어요.

학생이여서 좋은 점이 많아요.

⭐ 바르게 쓴 곳에 동그라미를 치세요.

재료를 골고루 섞었다 / 썪었다 .

석준이는 힘이 아주 셉니다 / 샙니다 .

이모가 아기를 낳았습니다 / 나았습니다 .

숙제는 내일까지 반듯이 / 반드시 해야 합니다.

⭐ 아래에서 맞는 단어를 찾아 색칠하세요. 무슨 글자가 보이나요?

오랜만에	설레는	괘씸	괴씸	할게요
오랫만에	설레이는	금세	금새	바람
가리키다	희한하다	싫증	꺼예요	거예요
곰곰이	곰곰히	깊숙히	무릎서다	조심할 걸
깊숙이	드러나다	무릅쓰다	웬지	왠지

129

5장

맞춤법을 완성하는 띄어쓰기

띄어쓰기는 자주 틀리는 규칙
몇 개만 익혀도 맞춤법 달인이 될 수 있습니다!

예   엄마밖에 없어요!
    → 엄마뿐이라는 뜻
    엄마 V 밖에 없어요!
    → 엄마가 밖에 안 계시다는 뜻

⭐ 조사

● 은(는), 이(가), 을(를), 의, 부터 등을 "조사"라고 하는데 앞말에 붙여 씁니다. 따라 써 봅시다.

산	에	서

엄	마	의	∨	사	랑	은

● 문장을 소리 내어 읽으며 주어진 단어를 따라 써 봅시다.

나	는	∨	네	가	∨	참	∨	좋	아	.	

사	과	와	∨	배	를	∨	먹	었	다	.	

학	교	에	서	∨	집	까	지	∨	멀	다	.

⭐ 조사가 아닌 듯한 조사

● 아래의 단어도 조사이므로 앞말에 붙여 씁니다. 따라 써 봅시다.

든	지	,	밖	에	,	에	서	처	럼	,	

는	커	녕	,	에	서	부	터	,			

에	서	만	이	라	도						

● 문장을 소리 내어 읽으며 주어진 단어를 따라 써 봅시다.

| 연 | 필 | 밖 | 에 | ✓ | 없 | 어 | . |

| 뭐 | 든 | 지 | ✓ | 할 | 게 | . |

꿈	에	서	처	럼	✓	넘	어	졌	다	.
음	식	은	커	녕	✓	물	도	✓	없	다	.
집	에	서	부	터	✓	걸	어	왔	어	.
집	에	서	만	이	라	도	✓	편	하	게	.

✏ **아래 문장을 따라 써 보고, 오늘 배운 단어를 사용해 글짓기 연습을 해봅시다.**

옷	기	는	커	녕		기	분
나	쁜		날	이		많	았	다	.
하	지	만		아	빠	는		내	가
어	떤		말	을		해	도		맞
장	구	를		쳐		주	셨	다	.

⭐ 단위

● 앞말과 띄어 씁니다. 따라 써 봅시다.

사	과	✓	한	✓	개

연	필	✓	세	✓	자	루

● 문장을 소리 내어 읽으며 주어진 단어를 따라 써 봅시다.

아	파	트	✓	열	✓	채				

자	동	차	✓	스	무	✓	대			

한	✓	살	✓	된	✓	곰	✓	한	✓	마	리

⭐ 호칭

● 성과 이름은 붙여 쓰고, 직업 등은 띄어 씁니다. 따라 써 봅시다.

이	순	신	✓	장	군

권	귀	헌	✓	작	가

● 문장을 소리 내어 읽으며 주어진 단어를 따라 써 봅시다.

안	중	근	✓	의	사	는	✓	대	한	민	국
의	✓	영	웅	입	니	다	.				
저	는	✓	손	흥	민	✓	선	수	를	✓	가
장	✓	좋	아	합	니	다	.				

✏️ **아래 문장을 따라 써 보고, 오늘 배운 단어를 사용해 글짓기 연습을 해봅시다.**

	충	무	공		이	순	신		장
군	은		단		12	척	의		배
만		가	지	고		백		척	이
넘	는		일	본		수	군	을	
완	전	히		격	파	했	다	.	

⭐ 것

● 앞 단어와 띄어 씁니다. 따라 써 봅시다.

| 먹 | 는 | ✔ | 것 |

| 보 | 이 | 는 | ✔ | 것 |

● 문장을 소리 내어 읽으며 주어진 단어를 따라 써 봅시다.

작	은	✔	것	으	로	✔	주	세	요	.	
합	격	할	✔	것	✔	같	습	니	다	.	
누	나	가	✔	만	든	✔	것	입	니	다	.

⭐ 게

● [것 + 이]를 줄여 쓴 말이에요. 앞 단어와 띄어 씁니다. 따라 써 봅시다.

| 입 | 는 | ✔ | 게 |

| 귀 | 찮 | 은 | ✔ | 게 |

136

● 문장을 소리 내어 읽으며 주어진 단어를 따라 써 봅시다.

들	고	✓	있	는	✓	게	✓	뭔	데	?	

작	은	✓	게	✓	마	음	에	✓	든	다	.

제	가	✓	한	✓	게	✓	맞	습	니	다	.

✎ 아래 문장을 따라 써 보고, 오늘 배운 단어를 사용해 글짓기 연습을 해봅시다.

	사	진		속		남	자	는	
아	빠	인		것		같	다	.	옷
을		입	고		있	는		게	
조	금		웃	긴	데		당	시	에
는		멋	졌	을		것	이	다	.

137

⭐ 때문

● 앞 단어와 띄어 씁니다. 따라 써 봅시다.

감	기	∨	때	문

날	씨	∨	때	문	에

● 문장을 소리 내어 읽으며 주어진 단어를 따라 써 봅시다.

아	빠	∨	때	문	에	∨	깼	다	.		

일	찍	∨	왔	기	∨	때	문	이	다	.	

먼	지	∨	때	문	이	라	고	∨	했	다	.

⭐ 수

● 앞 단어와 띄어 씁니다. 따라 써 봅시다.

잘	∨	수	∨	있	다	.

볼	∨	수	∨	없	다	.

●문장을 소리 내어 읽으며 주어진 단어를 따라 써 봅시다.

| 달 | 릴 | ∨ | 수 | ∨ | 있 | 겠 | 니 | ? | | | |

| 올 | ∨ | 수 | 밖 | 에 | ∨ | 없 | 었 | 다 | . | | |

| 어 | 떻 | 게 | ∨ | 그 | 럴 | ∨ | 수 | ∨ | 있 | 어 | ? |

✏️ 아래 문장을 따라 써 보고, 오늘 배운 단어를 사용해 글짓기 연습을 해봅시다.

	숙	제		때	문	에		놀	
시	간	이		별	로		없	다	.
공	부		안		하	는		나	라
로		갈		수		없	을	까	?
잘		놀		수		있	는	데	!

⭐ 만큼

● 앞말에 붙여 씁니다. 단, 용언(동사, 형용사 등) 뒤에는 띄어 씁니다. 따라 써 봅시다.

| 독 | 서 | 만 | 큼 |

운동전 / 운동후

| 노 | 력 | 하 | 는 | ✓ | 만 | 큼 |

● 문장을 소리 내어 읽으며 주어진 단어를 따라 써 봅시다.

나	만	큼	✓	키	가	✓	크	다	.		
먹	는	✓	만	큼	✓	살	이	✓	찐	다	.
공	부	하	는	✓	만	큼	✓	남	는	다	.

⭐ 뿐

● 앞말에 붙여 씁니다. 단, 용언(동사, 형용사 등) 뒤에는 띄어 씁니다. 따라 써 봅시다.

| 신 | 발 | 뿐 |

얼어날게요

| 말 | 할 | | 뿐 |

● 문장을 소리 내어 읽으며 주어진 단어를 따라 써 봅시다.

집	에	는		엄	마	뿐	이	다	.		
양	말	뿐		아	니	라		신	발	도	!
목	소	리	만		들	릴		뿐	이	다	.

✏️ 아래 문장을 따라 써 보고, 오늘 배운 단어를 사용해 글짓기 연습을 해봅시다.

	운	동	만	큼		좋	은		게
없	다	.	그	럼	에	도		내	가
하	고		있	는		운	동	은	
학	교	에		갈		때		걷	는
것	뿐	이	다	.	반	성	한	다	.

141

복습해봅시다!

⭐ 띄어 써야 하는 곳에 V 표시를 하세요.

엄	마	의	사	랑	은

사	과	와	배	를	먹	었	다	.

음	식	은	커	녕	물	도	없	다	.

학	교	에	서	만	이	라	도	공	부	하	자	.

⭐ 지수의 띄어쓰기 시험지입니다. 채점해 볼까요? 제대로 띄어 쓴 문항은 동그라미 치세요.

사	과	✔	한	개

이	순	신	✔	장	군	은	✔	영	웅	이	다	.

손	에	✔	든	게	✔	무	엇	✔	이	냐	?

우	리	누	나	가	✔	만	든	것	이	✔	아

닙	니	다	.

⭐ 올바르게 쓴 표현을 찾아 동그라미 치세요.

| 감 | 기 | ✓ | 때 | 문 |

| 날 | 씨 | 때 | 문 |

| 질 | ✓ | 수 | ✓ | 없 | 다 | . |

| 볼 | 수 | ✓ | 있 | 다 |

| 그 | 럴 | ✓ | 수 | 밖 | 에 |

| 할 | 수 | 밖 | 에 | ✓ | 없 | 다 | . |

⭐ 보기와 같이 띄어쓰기 규정에 따라 써 보세요.

보기

(독서 + 만큼) 좋은 취미가 없다

| 독 | 서 | 만 | 큼 |

(아빠 + 만큼) 코를 크게 고는 사람은 못 봤다.

(공부하는 + 만큼) 성적이 나온다.

받고 싶은 선물은 (신발 + 뿐)이다.

노랫소리만 (들릴 + 뿐)이다.

143

⭐ 만

● 앞말에 붙여 씁니다. 단, 시간, 횟수, 거리 뒤에서는 띄어 씁니다. 따라 써 봅시다.

축	구	만

3	년	∨	만	에

● 문장을 소리 내어 읽으며 주어진 단어를 따라 써 봅시다.

나	만	∨	문	제	를	∨	풀	었	어	.
지	수	는	∨	떡	볶	이	만	∨	먹	어	.
2	시	간	∨	만	에	∨	도	착	했	다	.

⭐ 못

● 뒷말과 띄어 씁니다. 따라 써 봅시다.

못	∨	듣	다	.

못	∨	말	리	다	.

● 문장을 소리 내어 읽으며 주어진 단어를 따라 써 봅시다.

잠	을	✓	전	혀	✓	못	✓	잤	어	요	.
배	불	러	✓	더	는	✓	못	✓	먹	어	.

● 다만, 아래의 단어는 모두 붙여서 씁니다. 따라 써 봅시다.

단어 ➡ 못되다   못생기다   못쓰다

예시 ➡ 못된   성격

못생긴   동물

고장 나서   못쓰겠네

✏️ 아래 문장을 따라 써 보고, 오늘 배운 단어를 사용해 글짓기 연습을 해봅시다.

	생	일	인	데		미	역	국	을
못		먹	었	다	.	가	족	들	의
축	하	인	사	도		없	었	다	.
하	지	만		나	만		모	르	는
깜	짝	파	티	가		있	었	다	.

맞춤법을 완성하는 띄어쓰기

⭐ 듯 / 듯하다

● "듯"은 앞뒤 모두 띄어 쓰고 "듯하다"는 앞말과 띄어 씁니다. 따라 써 봅시다.

| 아 | 는 | ✓ | 듯 | ✓ | 말 | 하 | 다 | . |

| 추 | 운 | ✓ | 듯 | 하 | 다 | . |

● 문장을 소리 내어 읽으며 주어진 단어를 따라 써 봅시다.

| 그 | ✓ | 사 | 람 | 인 | ✓ | 듯 | ✓ | 닮 | 았 | 다 | . |

| 울 | ✓ | 듯 | 한 | ✓ | 목 | 소 | 리 | 였 | 어 | 요 | . |

| 전 | 혀 | ✓ | 모 | 르 | 는 | ✓ | 듯 | 합 | 니 | 다 | . |

⭐ 지

● 과거의 어떤 시점부터 현재까지의 시간을 뜻할 때면 띄어 쓰고, 그 외에는 붙여 씁니다. 따라 써 봅시다.

| 아 | 는 | 지 | ✓ | 모 | 르 | 는 | 지 |

| 밥 | ✓ | 먹 | 은 | ✓ | 지 |

| ✓ | 한 | ✓ | 시 | 간 |

● 문장을 소리 내어 읽으며 주어진 단어를 따라 써 봅시다.

언	제	∨	갈	지	∨	모	르	겠	다	.		
출	발	한	∨	지	∨	한	참	∨	됐	다	.	
잠	든	∨	지	∨	30	분	∨	지	났	다	.	

✏️ 아래 문장을 따라 써 보고, 오늘 배운 단어를 사용해 글짓기 연습을 해봅시다.

		누	가		방	귀	를		뀐
듯	했	다	.		지	호	인	지		윤
아	인	지		알		수	가		없
었	다	.	난		아	무	렇	지
않	은		듯		웃	었	다	.

48 맞춤법을 완성하는 띄어쓰기

⭐ 대로

● 앞말에 붙여 씁니다. 단, 용언(동사, 형용사 등) 뒤에는 띄어 씁니다. 따라 써 봅시다.

법	대	로

들	은	✓	대	로

● 문장을 소리 내어 읽으며 주어진 단어를 따라 써 봅시다.

네	✓	마	음	대	로	✓	하	지	✓	마	.
선	생	님	✓	말	씀	대	로	✓	하	자	.
아	는	✓	대	로	✓	다	✓	말	했	다	.

⭐ 데

● 앞말에 붙여 씁니다. 단, 장소, 일, 때를 뜻할 때는 띄어 씁니다. 따라 써 봅시다.

배	가	✓	아	픈	데

잠	✓	자	는	✓	데

● 문장을 소리 내어 읽으며 주어진 단어를 따라 써 봅시다.

집	에	✔	갔	는	데	✔	없	었	어	요	.
손	✔	씻	는	✔	데	가	✔	어	디	야	?
오	는	✔	데	✔	10	분	✔	걸	렸	다	.

✏️ 아래 문장을 따라 써 보고, 오늘 배운 단어를 사용해 글짓기 연습을 해봅시다.

동생과   싸웠는데
나는   나대로   동생은
동생대로   하고   싶은
말만   해서   화해를
하는   데   힘들었다.

⭐ 번

●앞말과 띄어 씁니다. 단, 숫자에는 붙여서 씁니다. 따라 써 봅시다.

세	✓	번

3	번	✓	버	스

●문장을 소리 내어 읽으며 주어진 단어를 따라 써 봅시다.

똥	을	✓	두	✓	번	이	나	✓	눴	다	.
나	도	✓	여	러	✓	번	✓	말	했	다	.
4	번	✓	타	자	가	✓	등	장	했	다	.

⭐ 째

●앞말과 붙여서 씁니다. 따라 써 봅시다.

첫	째

첫	✓	번	째

● 문장을 소리 내어 읽으며 주어진 단어를 따라 써 봅시다.

넌	✓	몇	째	니	?	✓	난	✓	둘	째	!
몇	✓	번	째	로	✓	도	착	했	어	?	
2	시	간	째	✓	연	락	이	✓	없	어	.

✏️ 아래 문장을 따라 써 보고, 오늘 배운 단어를 사용해 글짓기 연습을 해봅시다.

	등	번	호		6	번	의		선
수	가		공	을		두		번	
튀	기	더	니		슛	을		날	렸
다	.	첫		번	째		슛	이	
골	대	를		통	과	했	다	.	

⭐ 중

● 앞 단어와 띄어 씁니다. 따라 써 봅시다.

식	사	⌄	중

여	행	하	던	⌄	중

● 문장을 소리 내어 읽으며 주어진 단어를 따라 써 봅시다.

공	기	⌄	중	에	⌄	먼	지	⌄	봐	라	.
우	리	⌄	중	에	서	⌄	누	가	⌄	가	?
수	업	⌄	중	이	니	⌄	조	용	해	라	.

⭐ 간

● 기간을 의미할 때는 붙여 쓰고, 사이 또는 관계를 뜻할 때는 띄어 씁니다. 따라 써 봅시다.

3	일	간

부	모	⌄	자	식	⌄	간

● 문장을 소리 내어 읽으며 주어진 단어를 따라 써 봅시다.

| 지 | 난 | ∨ | 1 | 년 간 | ∨ | 바 | 빴 | 어 | 요 | . |

| 서 | 로 | ∨ | 간 에 | ∨ | 돕 | 고 | ∨ | 살 | 자 | . |

| 나 | 라 | ∨ | 간 | ∨ | 무 | 역 | 을 | ∨ | 했 | 다 | . |

✏️ 아래 문장을 따라 써 보고, 오늘 배운 단어를 사용해 글짓기 연습을 해봅시다.

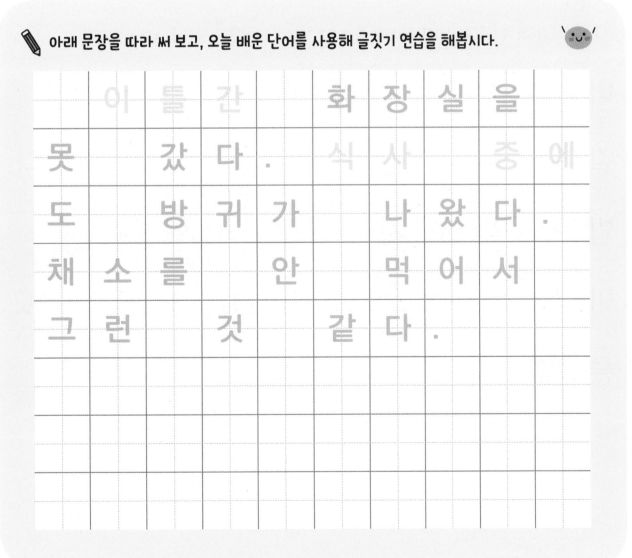

	이	틀 간		화	장	실	을	
못		갔	다	.	식	사		중	에
도		방	귀	가		나	왔	다	.
채	소	를		안		먹	어	서	
그	런		것		같	다	.		

복습해봅시다!

⭐ 띄어 써야 하는 곳에 V 표시를 하세요.

| 3 | 년 | 만 | 에 | | | | | |

| 나 | 만 | 그 | 문 | 제 | 를 | 풀 | 었 | 다 | . | | |

| 2 | 시 | 간 | 만 | 에 | 주 | 유 | 소 | 를 | 찾 | 았 | 다 | . |

| 이 | 제 | 는 | 힘 | 들 | 어 | 서 | 못 | 가 | 겠 | 어 | 요 | . |

⭐ 태수의 띄어쓰기 시험지입니다. 채점해 볼까요? 제대로 띄어 쓴 문항은 동그라미 치세요.

| 아 | 는 | 듯 | 이 | V | 말 | 하 | 다 | . |

| 같 | 은 | V | 사 | 람 | 인 | V | 듯 | V | 닮 | 았 | 다 | . |

| 밥 | V | 먹 | 은 | 지 | V | 한 | V | 시 | 간 |

| 아 | 는 | 지 | V | 모 | 르 | 는 | 지 | V | 난 | V | 모 |

| 른 | 다 | . |

⭐ 올바르게 쓴 표현을 찾아 동그라미 치세요.

| 법 | ✓ | 대 | 로 |

| 들 | 은 | ✓ | 대 | 로 |

| 자 | 는 | ✓ | 데 | 가 | ✓ | 어 | 디 | ? |

| 두 | 번 | 이 | 나 |

| 어 | 디 | ✓ | 갔 | 는 | 대 |

| 네 | ✓ | 번 | 째 |

| 첫 | ✓ | 째 |

⭐ 보기와 같이 띄어쓰기 규정에 따라 써 보세요.

보기

(식사 + 중) 전화를 받았다 | 식 | 사 | | 중 |

작년 가을에는 (여행하던 + 중)이었다.

(친구 + 중에서) 누가 결석했어?

쉬지 않고 (3일 + 간) 걸었다.

(부모 자식 + 간) 믿음이 필요하다.

〈01~05일 차〉 복습해봅시다!

⭐ 아래에서 맞는 단어를 찾아 모두 동그라미 치세요.

공뇽	(색연필)	나문잎	빈물
(대통령)	암니	얼룽말	(음료수)
(국물)	거진말	(꽃잎)	번나무

⭐ 아래의 소리를 올바른 표기로 고쳐 쓰세요.

싱물 ➡ **식물**

설랄 ➡ **설날**

윤노리 ➡ **윷놀이**

회전몽마 ➡ **회전목마**

⭐ 아래 문장을 읽고 [보기]와 같이 틀린 곳에 밑줄을 긋고 바르게 고쳐 쓰세요.

집에서 <u>담뇨를</u> 몇 장 가지고 왔다. **담요를**

사자는 <u>송곤니가</u> 엄청 뾰족해요. **송곳니가**

<u>귀쏭말로</u> 조용히 얘기합니다. **귓속말로**

어려운 <u>난말이</u> 많으면 읽기 힘들어요. **낱말이**

⭐ 보기에서 알맞은 단어를 찾아 빈칸에 쓰세요.

할머니께서는 **경로당**에 가셨습니다.

날카로운 **칼날**에 베이지 않도록 조심하세요.

어떤 일이 있은 그 다음 날을 **이튿날**이라고 합니다.

좋아하는 반찬이 나와서 **콧노래**를 부르며 밥을 먹었다.

〈06~10일 차〉 복습해봅시다!

⭐ 아래에서 맞는 단어를 찾아 모두 동그라미 치세요.

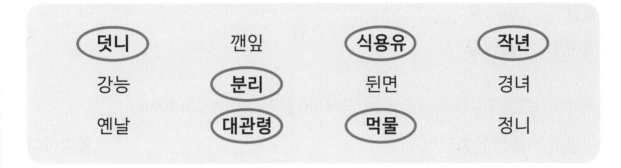

덧니	깻잎	식용유	작년
강능	분리	된면	경녀
옌날	대관령	먹물	정니

⭐ 아래의 소리를 올바른 표기로 고쳐 쓰세요.

암날 ➡ **앞날**

궁민 ➡ **국민**

바단물 ➡ **바닷물**

등산노 ➡ **등산로**

⭐ 아래 문장을 읽고 [보기]와 같이 틀린 곳에 밑줄을 긋고 바르게 고쳐 쓰세요.

색깔에 따라서 <u>불류하면</u> 됩니다. **분류하면**

집 앞에 마트가 있어서 참 <u>펼리하다.</u> **편리하다**

지난주에는 현장학습으로 <u>방물관에</u> 갔다. **박물관에**

더운 날씨에는 건강을 잘 <u>괄리해야</u> 합니다. **관리해야**

⭐ 보기에서 알맞은 단어를 찾아 빈칸에 쓰세요.

빨간색은 보통 **위험**을 뜻합니다.

우편함에 편지가 여러 통 꽂혀 있다.

손목을 다친 영준이는 **정형외과**로 갔다.

길을 건널 때는 **신호등** 뿐 아니라 차가 오는지도 봐라.

⭐ 그림을 올바르게 표현한 단어를 찾아 연결하세요.

늦잠   숟가락

태권도   장난감

⭐ 아래 문장을 읽고 [보기]와 같이 틀린 곳에 밑줄을 긋고 바르게 고쳐 쓰세요.

내일 준비물은 <u>물깜이다.</u>   **물감이다**

여기에 <u>바침대</u> 좀 놓아줄래?   **받침대**

<u>벌찜을</u> 함부로 건들지 마세요.   **벌집을**

할머니께서 <u>억그제</u> 저희 집에 오셨어요.   **엊그제**

⭐ 아래에서 맞는 단어를 찾아 모두 동그라미 치세요.

바쭐	(책장)	발까락	(소낙비)
쓰레바기	(발등)	(책갈피)	초댓장
(덕분)	(실제)	가습끼	밀까루

⭐ 아래에서 맞는 단어를 찾아 색칠하세요. 무슨 글자가 보이나요?

칫솔	습간	체점	돋자리	꼭짓점
떡볶이	하꾜	구끼	쇠부치	곶감
윷가락	신발짱	젓가락	허벅지	옥수수
벽지	턷밭	발빠닥	돗보기	낱개
복도	학급	외갓집	낚지	복숭아

⭐ 그림을 올바르게 표현한 단어를 찾아 연결하세요.

낚시   색종이

막대기   눈금

⭐ 아래 문장을 읽고 [보기]와 같이 틀린 곳에 밑줄을 긋고 바르게 고쳐 쓰세요.

저는 <u>곱쓸머리</u>입니다.	**곱슬머리**
<u>곡씩이</u> 부족할 때는 어떻게 하나요?	**곡식이**
목장의 <u>젓소는</u> 신선한 풀을 먹으며 자랍니다.	**젖소는**
우리 모두 기분이 좋아서 <u>야단법썩을</u> 떨었어요.	**야단법석을**

⭐ 아래에서 맞는 단어를 찾아 모두 동그라미 치세요.

칫과	매돌	(마술사)	(각각)
(각자)	삼각켱	(육각형)	핵과일
(김밥)	(물고기)	급씩	기빨

⭐ 아래에서 맞는 단어를 찾아 색칠하세요. 무슨 글자가 보이나요?

악쑤	질서	맞장구	악기	코대
수도가	숯자	단추구멍	나뭇가지	뒤좌석
주먹밥	머릿속	횟수	빗자루	빗방울
차길	뒤동산	아랫집	등교길	코구멍
사가켱	눈쏭이	바닷속	바다가	핵곡식

⭐ 그림을 올바르게 표현한 단어를 찾아 연결하세요.

짝꿍   두꺼비

뒤꿈치   도끼

⭐ 아래에 잘못 쓴 단어를 올바른 표기로 고쳐 쓰세요.

쨈	➡	**잼**
세째	➡	**셋째**
합품	➡	**하품**
넉울이	➡	**너구리**

⭐ 아래 문장을 읽고 [보기]와 같이 틀린 곳에 밑줄을 긋고 바르게 고쳐 쓰세요.

<u>글세</u>, 나도 잘 모르겠어.   **글쎄**

단풍잎은 <u>색갈이</u> 참 예뻐요.   **색깔이**

은희는 그림 그리는 <u>솜시가</u> 뛰어납니다.   **솜씨가**

지원이는 그 이야기를 듣고 <u>펄적</u> 뛰었다.   **펄쩍**

⭐ 아래에서 맞는 단어를 찾아 모두 동그라미 치세요.

달역	(쌍꺼풀)	(어금니)	구명족기
(가끔)	함부러	일부로	(깜짝)
(으뜸)	(부뚜막)	정성껏	독개비

〈26~30일 차〉 복습해봅시다!

⭐ 그림을 올바르게 표현한 단어를 찾아 연결하세요.

코끝   나무꾼

골짜기   고깔모자

⭐ 아래에 잘못 쓴 단어를 올바른 표기로 고쳐 쓰세요.

봇삼   ➡   보쌈

앗가   ➡   아까

꼴지   ➡   꼴찌

한거번에   ➡   한꺼번에

⭐ 아래 문장을 읽고 [보기]와 같이 틀린 곳에 밑줄을 긋고 바르게 고쳐 쓰세요.

<u>팔굼치에서</u> 피가 났다.   팔꿈치에서

희진이는 <u>손벽을</u> 치며 웃었어요.   손뼉을

엄마가 요즘 <u>원악</u> 바쁘시거든요.   워낙

사과는 <u>통재로</u> 먹는 게 몸에 좋다.   통째로

⭐ 아래에서 맞는 단어를 찾아 모두 동그라미 치세요.

곡갈	(지푸라기)	(수수깡)	장금장치
(지느러미)	쪽찌	(날씨)	(팔찌)
엿쭈다	(불쌍하다)	맞힘표	영극

〈31~35일 차〉 복습해봅시다!

⭐ 그림을 올바르게 표현한 단어를 찾아 연결하세요.

도넛   리모컨

에어컨   콘센트

⭐ 아래에 잘못 쓴 단어를 올바른 표기로 고쳐 쓰세요.

탄트	➡	**텐트**
화이팅	➡	**파이팅**
스틱커	➡	**스티커**
훌라우프	➡	**훌라후프**

⭐ 아래 문장을 읽고 [보기]와 같이 틀린 곳에 밑줄을 긋고 바르게 고쳐 쓰세요.

<u>팽긴은</u> 추운 곳에서 산다.   **펭귄은**

<u>싸인팬은</u> 지우개로 지울 수 없다.   **사인펜은**

아빠와 마트에서 <u>후라이팬을</u> 샀습니다.   **프라이팬을**

내일 만들기 시간에 <u>스치로폼을</u> 사용한대요.   **스티로폼을**

⭐ 아래에서 맞는 단어를 찾아 모두 동그라미 치세요.

(테이프)   스폰지   블럭   (커튼)

(초콜릿)   (엘리베이터)   (에스컬레이터)   (배꼽)

설겆이   눈꼽   (육개장)   먹을꺼리

〈36~40일 차〉 복습해봅시다!

P. 128~129

⭐ 민주와 영은이의 맞춤법 대결입니다. 맞힌 사람의 동그라미를 칠하세요. 누가 이길까요?

민주		라운드		영은
낯설은 동네	○	1	●	낯선 동네
지금은 안 돼	●	2	○	지금은 안 되
조심할 걸	●	3	○	조심할 껄
아니에요	●	4	○	아니예요

⭐ 아래 문장을 읽고 [보기]와 같이 틀린 곳에 밑줄을 긋고 바르게 고쳐 쓰세요.

필통을 안 가져 왔는데 <u>어떻해</u>?　　　　　　　　　　**어떡해**

저 산 <u>넘어에</u> 도시가 있다.　　　　　　　　　　　　**너머에**

어제는 학교에 <u>않</u> 갔어요.　　　　　　　　　　　　　**안**

<u>학생이여서</u> 좋은 점이 많아요.　　　　　　　　　　**학생이어서**

⭐ 바르게 쓴 곳에 동그라미를 치세요.

재료를 골고루 (**섞었다**/ 썪었다).

석준이는 힘이 아주 (**셉니다**/ 샙니다).

이모가 아기를 (**낳았습니다**/ 나았습니다).

숙제는 내일까지 (반듯이 / **반드시**) 해야 합니다.

⭐ 아래에서 맞는 단어를 찾아 색칠하세요. 무슨 글자가 보이나요?

오랜만에	설레는	괘씸	괴씸	할게요
오랫만에	설레이는	금세	금새	바람
가리키다	희한하다	싫증	꺼예요	거예요
곰곰이	곰곰히	깊숙히	무릎서다	조심할 걸
깊숙이	드러나다	무릅쓰다	웬지	왠지

〈41~45일 차〉 복습해봅시다!

P. 142~143

⭐ 띄어 써야 하는 곳에 V 표시를 하세요.

엄마의 V 사랑은

사과와 V 배를 V 먹었다.

음식은커녕 V 물도 V 없다.

학교에서만이라도 V 공부하자.

⭐ 지수의 띄어쓰기 시험지입니다. 채점해 볼까요? 제대로 띄어 쓴 문항은 동그라미 치세요.

사과 V 한개

이순신 V 장군은 V 영웅이다

손에 V 든게 V 무엇 V 이냐?

우리누나가 V 만든것이 V 아닙니다.

⭐ 올바르게 쓴 표현을 찾아 동그라미 치세요.

감기 V 때문   날씨때문   질 V 수 V 없다

볼수 V 있다   할수밖에 V 없다.   그럴 V 수밖에

⭐ 보기와 같이 띄어쓰기 규정에 따라 써 보세요.

(아빠 + 만큼) 코를 크게 고는 사람은 못 봤다.   아빠만큼

(공부하는 + 만큼) 성적이 나온다.   공부하는 V 만큼

받고 싶은 선물은 (신발 + 뿐)이다.   신발뿐

노랫소리만 (들릴 + 뿐)이다.   들릴 V 뿐

⟨46~50일 차⟩ 복습해봅시다!

P. 154~155

⭐ 띄어 써야 하는 곳에 V 표시를 하세요.

3년 V 만에

나만 V 그 V 문제를 V 풀었다.

2시간 V 만에 V 주유소를 V 찾았다.

이제는 V 힘들어서 V 못 V 가겠어요.

⭐ 태수의 띄어쓰기 시험지입니다. 채점해 볼까요? 제대로 띄어 쓴 문항은 동그라미 치세요.

아는듯이 V 말하다.

⟨같은 V 사람인 V 듯 V 닮았다.⟩

밥 V 먹은지 V 한 V 시간

⟨아는지 V 모르는지 V 난 V 모른다.⟩

⭐ 올바르게 쓴 표현을 찾아 동그라미 치세요.

법 V 대로   ⟨들은 V 대로⟩ ⟨자는 V 데가 V 어디?⟩

어디 V 갔는대   두번이나   ⟨네 V 번째⟩   첫 V 째

⭐ 보기와 같이 띄어쓰기 규정에 따라 써 보세요.

작년 가을에는 (여행하던 + 중)이었다.   여행하던 V 중

(친구 + 중에서) 누가 결석했어?   친구 V 중에서

쉬지 않고 (3일 + 간) 걸었다.   3일간

(부모 자식 + 간) 믿음이 필요하다.   부모 V 자식 V 간

『초등 맞춤법 50일 완주 따라쓰기』〈심화 편〉을 완주하며,
가장 기억에 남는 일을 그림일기로 남겨보세요.

『초등 맞춤법 50일 완주 따라쓰기』〈심화 편〉을 완주하며,
시작할 때와 달라진 점이 있었다면 그림일기로 남겨보세요.

작은 꾸준함으로 커다란 실력을 완성하는 서사원주니어

`<완주> 시리즈`

초등 맞춤법
50일 완주 따라쓰기
기초 편

권귀헌 지음 | 152쪽 | 12,800원

**"어휘력·문장력을 키워 맞춤법 기초를 완성하는
50일 완주 따라쓰기!"**

초등학생들이 일상에서 두루 사용하는 단어와 문장을 따라 쓰면서 맞춤법에 자신감을 얻는 것은 물론 글쓰기에도 재미와 흥미를 느낄 수 있습니다!

초등 맞춤법
50일 완주 따라쓰기
심화 편

권귀헌 지음 | 168쪽 | 12,800원

**"문해력·독해력을 높여 맞춤법 달인이 되는
50일 완주 따라쓰기!"**

초등학생은 물론 어른들도 자주 헷갈리는 단어나 띄어쓰기를 쓰고 익히면서 성취감을 경험하고 우리말과 우리글을 더 아끼고 사랑하는 계기가 됩니다!

누구나 쓰게 하는 대한민국 글선생 권귀헌 작가의

`<글공부> 시리즈`

초등 글쓰기 비밀 수업

권귀헌 지음 | 232쪽 | 14,000원

**"전국 학부모와 선생님이 극찬한
최고의 글쓰기 책!"**

글짓기가 아닌 글 놀이로 아이의 창의력을 깨워주세요! 아이의 생각과 감정을 열어주는 글선생의 진짜 글쓰기 비법을 공개합니다!

엄마의 글쓰기

권귀헌 지음 | 288쪽 | 16,000원

**"아내나 엄마가 아닌, 잊고 있던 나를 마주하는
하루 5분, 일상 인문학!"**

끝없이 밀려드는 집안일, 배려보다 상처를 주는 날카로운 언어들에 숨이 막히시나요? 일단 끄적여보세요! 푸석해진 마음에 관심이라는 물길이 샘솟을 거예요. 글을 쓰는 당신의 삶을 응원합니다!